착한.경영.
따뜻한.돈.

착한 경영 따뜻한 돈

ⓒ 안치용, 2011

초판 1쇄 2011년 12월 9일 찍음
초판 1쇄 2011년 12월 14일 펴냄

지은이 | 안치용
펴낸이 | 강준우
기획·편집 | 김진원, 문형숙, 심장원, 이동국, 이연희
디자인 | 이은혜, 최진영
마케팅 | 박상철, 이태준
관리 | 김수연

펴낸곳 | 인물과사상사
인쇄·제본 | 대정인쇄공사
출판등록 | 제17-204호 1998년 3월 11일

주소 | (121-839) 서울시 마포구 서교동 392-4 삼양E&R빌딩 2층
전화 | 02-325-6364
팩스 | 02-474-1413
www.inmul.co.kr | insa1998@gmail.com

ISBN 978-89-5906-205-8 03320
값 13,000원

착한 경영
따뜻한 돈

BEING SUSTAINABLE
BY DOING GOOD

안치용 지음

지속 불가능의 폐허에서 지속 가능을 도모하는
'호모 코오퍼러티쿠스'

누구나 자신의 시대를 예민하게 받아들이지만 요즘처럼 불확정성이 지배하는 시대를 찾기도 어려워 보인다. 겸손함을 잃어버린 인류 문명이 자기통제 및 자정(自淨) 기능마저 상실했다는 비판에 직면했다. 컴퓨터로 치면 운영체제(OS)까지 고장 난 상황이다. 특히 인류사에서 영광을 누리기보다는 생존에 급급해하며 긴 세월 변방에서 숨 죽여 산 한반도 남쪽의 거주민들에게 훗날 이 시대는 어떤 시대로 기억될지 궁금하다.

불확정성은 민족과 국가의 영광이라는 허울 속에서보다는 우리 사회를 구성하는 다양한 사람들의 절박한 삶 속에서 더 자주 목격된다. 과거의 치열한 삶과 뜨거운 몸은 잊히고 표피적 이념과 냉담한 말이 우리 사회를 재구성하고 있다. 다만 한 가지 확실한 짐은, 미국의 서브프라임 사태 이후 소위 '자본주의 4.0' 등 다양한 이름이 거론되고 있는 거대한 변화의 흐름이 앞으로 더 많은 것들을 근본적인 위기로 몰아넣으리란 사실이다.

바야흐로 사회 전반에 만연하게 될 지속 불가능의 사회는 생각보다 끔찍하다. 비정규직 노동자와 같은 사회의 대다수 구성원들은 만성적 지속 불가능에 시달리면서도 어떻게든 삶을 지속하기 위해 고군분투하겠지만, 이들이 희망을 발견할 가능성은 희박하다. 이와 함께 일부 특정 계층만을 위한 지속 가능 메커니즘을 개발하려는 사회 내 소수 집단의 맹활약 또한 확실시 된다. 이들 소수는 다수의 포위와 공격에도 아랑곳하지 않을 강력한 방어막과 함께 자기완결적인 부와 권력의 증식망을 갖추게 될 것이다.

이렇듯 오늘날 지구온난화와 그에 따른 기후변화, 식량 무기화 등 전 지구적 위기가 중첩되어가는 가운데 우리 사회는 우리 사회대로 양극화를 근간으로 한 '지속 불가능 드라이브'를 가속하는 모습이 지금 우리가 직면한 현실이라 하겠다.

자칫 지속 가능 사회는 물에 물 탄 듯 술에 술 탄 듯 공허한 담론으로 여겨질 수 있다. 사실 지속 가능만을 강조하다보면 문제의 본질을 놓치기 십상이다. 이미 오래전부터 지속 불가능만이 진실로 여겨졌으며 극소수의 지속 가능을 기획하는 일은 다수의 지속 불가능을 기반으로 했기 때문이다. 혹은 잠깐의 지속 가능을 목표로 장시간의 지속 불가능을 할당하는 술책으로 적잖은 진실을 은폐해왔다.

타자의 지속 불가능을 유도해 자신의 지속 가능을 꾀하는 간교한 생각은 멈춰야 한다. 하지만 그 생각을 멈춘다고 해서 다른 누군가에게 고무적인 상황으로 반전되지는 않는다. 왜냐하면 지속 불가능의 인프라는 너무나 체계적이고 깊숙하며 세밀하게 자리한 약탈의 네트워크이므로 결코 대체하기가 쉽지 않기 때문이다. 지속 가능·지속 불가능은, 독이 든 상자 속의 고양이가 죽었을지 살았을지 상자를 열기 전까지 확정할 수 없는 '슈뢰딩거의 고양이'가 아니다. 죽어가는 가운데 살아 있다는 징표로 잠깐씩 숨을 몰아쉬는 길바닥의 고양이다. 많은 사람이 걱정하듯 너무 늦어버렸을지 모른다. 하지만 우리에게 지속 가능·지속 불가능은 고양이의 생사를 확인하는 놀이가 아니라 지속 가능을 향한, 혹은 지속 불가능하지 않기 위해 반드시 이뤄가야 할 투쟁이란 점에서 아무리 늦은 시점이라고 해도 결코 늦은 시점일 수 없다. '지속 불가능하지 않기'는 곧 '인식을 넘어서기'다.

대립보다 상생을 추구하는 이타적 인간

세간의 관심은 지속 가능 사회보다는 지속 가능 경영에 쏠려 있다. 신자유주의 세계관이 사회를 경영화한 지 오래기에 낯설지 않은 풍경이다. 하지만 알다시피 익숙한 것이 올바른 것은 아니다. 신자유주의의 위기는 역설적으로 경영의 사회화를 요구한다. 그동안 그림자 없는 인간처럼 살았던 재무(財務) 성과는 이제 비재무(非財務) 성과라는 그림자를 되찾았다.

어쩌면 지속 가능은 탐욕이었을지 모른다. 지속 불가능을 넘어서는 과정에서 이 탐욕은 내려놓아야 한다. 지속 불가능을 넘어서는 일에는 '이윤을 추구하는 조직'으로 한정된 기업이 동시에 사회적 기관으로서 본래 모습을 되찾아가는 과정이 마땅히 포함되어야 한다. 더 핵심적인 사안은 산업혁명 이후 혹은 애덤 스미스(Adam Smith)가 《국부론》을 발행한 1776년 이후 우리 인간에게 씌워진 주술에서 벗어나야 한다는 것이다. 바로 타자의 지속 불가능이 자신의 지속 가능을 보증하며, 이러한 지속 가능과 지속 불가능의 변증법은 절대 소멸하지 않을 무한한 삶의 원천이라는 주술이며, 자유방임주의를 표방한 이래 '제로섬'과 '딜레마 게임'이야말로 인간이 벗어날 수 없는 운명이라는 주술이다.

그 주술은 근대적 인간이 '호모 이코노미쿠스(Homo Economicus: 경제적 인간)'로 거듭났다는 신화를 바탕으로 한다. 주류 경제학에서 상정하는 보편적 인간은 늘 합리적으로 판단하고, 이기심에 지배받는 호모 이코노미쿠스이다. 합리성과 이기심으로 무장한 호모 이코노미쿠스는 보편적 인간이면서 동시에 개별적 인간이다.

호모 이코노미쿠스가 비판의 십자포화를 맞은 지는 제법 됐다. 존 메이너드 케인스(John Maynard Keynes)의 '야성적 충동(Animal Spirits)'을 거론하며 합리성을 공격하거나, 인간이 늘 이기적이지 않고 때로 (경제적 선택에서) 이타적으로 결정할 수 있다는 반론이다. 보편적이면서 개별적인 인간이란 주류 경제학의 설정에도 반격이 가해졌다. 우리는 구체적이면서 때로 집합적인 인간이며 더러 세계시민으로 자각할 때가 있다는 논지다.

호모 이코노미쿠스는 이 책이 다루고자 하는 내용이 아니지만 호모 이코노미쿠스적인 현상은 경제뿐 아니라 사회 전반에도 흔하다. 시장경제를 넘어 시장 사회로 진전된 지 많은 시간이 흘렀기에 불가피한 현상으로 보인다. 하지만 동시에 호모 이코노미쿠스적이지 않은 현상 또한 드물지 않게 목격된다.

호모 이코노미쿠스적이지 않은 현상은 호모 이코노미쿠스 자체의 내적 모순 때문에 생겼을 수 있고, 자본주의에 관한 메가트렌드의 변화 및 그에 따른 사회 변동 때문에 나타났을 수도 있다. 나아가 새로운 시대정신이 서서히 도래함에 따라 그 징후로서 노출된 것일 가능성 또한 배제하지 못한다.

　어떤 이유에서건 300년 가까이 번성한 호모 이코노미쿠스가 역사의 무대에서 퇴장 압력을 받고 있다는 사실은 분명하다. 이러한 호모 이코노미쿠스적이지 않은 현상을 상징하는 새로운 인간형을 나는 '호모 코오퍼러티쿠스(Homo Cooperaticus)', 즉 '상생하는 인간' 또는 '협력하는 인간'이 될 것이라 기대한다.

　호모 코오퍼러티쿠스가 실제로 나타날지, 나타난다면 어떤 모습일지는 시대정신의 물꼬가 어느 방향을 향하느냐에 달렸다. 상상하자면 아마도 호모 이코노미쿠스를 보완하거나 극복하는 양상을 보일 것이다. 합리적이지만 감성적이고, 이기적이지만 이타적이며, 개별적 선택과 집단적 판단을 병행하며, 경제적 인간이면서 동시에 정치적으로 각성한 세계시민이다. 습관적으로 타자의 지속 불가능을 모색하기보다는 타자의 지속 가능을 발판으로 자신의 지속 가능을 향해 뛰어오르는, 가슴 벅차고 신명 나는 '고양이 살리기' 굿판이다. 그런 감동적인 장면과 마주할 수 있을지 여부는 전적으로 우리의 의지에 달렸다.

　지속 가능 사회, 또는 지속 불가능 사회를 넘어서기 위한 이런저런 생각을 책으로 묶었다. 직업을 바꾸지 않은 가운데 어느 때부터인가 남의 말을 받아 적기보다는 남에게 말하는 쪽으로 내 삶의 행태가 바뀌었다. 그러나 전달 혹은 소통, 각성 혹은 고발이란 본질은 같다고 믿는다.

이 책은 2007년부터 여러 곳에서 다양한 유형의 사람들에게 강의해온 생각들을 정리한 것이다. 처음에는 지속 가능 경영에 초점을 맞추었으나 불가불 지속 가능 사회를 이야기하지 않을 수 없었다. 지속 가능 경영은 지속 가능 사회라는 기반 시설 위에서 작동하기 때문이다. 물론 시야를 지속 가능 경영으로만 좁히는 방법이 없지는 않았지만, 지속 가능 사회의 전반을 아우르는 서적이 거의 없는 가운데 경영에만 국한해 책을 쓰는 건 부적절하다고 판단했다. 적절한 시점에 지속 가능 경영을 더 집중적으로 들여다보는 후속 작업이 나오지 않을까 예상한다.

시작은 '지속 가능 사회를 위한 젊은 기업가들(YeSS)' 소속 대학생들을 위한 '지속 가능 학교'였다. 이후 경영 대학원 정규 수업을 포함해 다양한 경로의 다양한 청중에게 지속 가능 사회에 관한 내 생각을 전했다. 현장 느낌 그대로 본문을 높임말로 기술했고, 필요한 사실과 숫자 등은 모두 본문 속에 녹였다. 일방적으로 주장하기보다는 대화를 염두에 두었음을 시사하고 싶었다.

　그 사이 생각에도 많은 변화와 발전이 있었고 지속 불가능을 넘어서야 한다는 확신이 더 공고해졌다. 모두 대화와 소통을 통해 가능한 일이었다. 물론 개인적인 공부를 통해 깨우친 것이 없지는 않았겠으나 세상과 세상 속 사람들이 내게 준 가르침에 비할 수는 없다. 이 대목에서 얼굴이 떠오르는 고마운 분들이 하나둘이 아니나 일일이 열거할 수 없어 뭉뚱그려 감사를 표하는 것으로 대신할까 한다.

　호모 코오퍼러티쿠스를 논하기는 쉽지만 나 스스로 호모 코오퍼러티쿠스가 되기는 어려운 실례가 아닐 수 없다. 나의 작은 작업이 우리 사회에 호모 코오퍼러티쿠스를 한 명이라도 더 늘리는 계기가 될 수 있다면 이 책을 쓰는 데 들인 작은 수고에 대한 보상은 충분하다 하겠다.

2011년 12월

안치용

프롤로그

우주사적 기적과 지구 탄생 이래
최고의 풍요를 구가하는 종

6500만 년 전 우리 지구에 무슨 일이 있었는지 아십니까? 그때 지구를 지배하고 있던 생명체는 무엇이었을까요? 물론 인간은 아닙니다. 그때는 인간 비슷한 것도 없었어요. 인류학이 인간 종의 역사를 늘려 놓았지만 그래 봤자 500만 년, 아무리 길게 봐야 700만 년 정도입니다.

그 6500만 년 전에 지구 탄생 이래 가장 무시무시한 대재앙이 있었습니다. 영화 〈딥 입팩트(Deep Impact)〉와 비슷한 사건이 실제로 일어난 것이죠. 지름이 10킬로미터에 이르는 운석 또는 소행성이 지금의 멕시코 만에 떨어졌습니다. 멕시코 만 바닷속에는 당시 충돌을 입증하는 커다란 구덩이인 칙술룹 크레이터(chicxulub crater)가 있습니다. 1978년에 발견된 칙술룹 크레이터는 지름이 200킬로미터나 된다고 하네요. 충돌 직전 지구에서 가장 번성한 생물인 공룡은 이 충돌로 거의 전멸하고 맙니다. 운 좋게 극소수 공룡들이 살아남아 달라진 환경 속에서 악착같이 버텼지만, 충돌 후 1000만 년 넘게 지나면서 지구 상에서 완전히 종적을 감추지요. 지금으로부터 대략 5500만 년 전쯤이면 우리 행성에서 살아서 움직이는 공룡의 모습을 볼 수 없게 됩니다. 인간과는 화석이란 형태로 시간을 건너뛰어 대면하게 되지요.

우주에서 날아온 커다란 돌덩이가 지구 표면을 때리면 대폭발이 일어납니다. 충돌한 주변 넓은 지역이 순식간에 초토화되고 곧이어 폭발로 생긴 엄청나게 많은 먼지가 공중으로 올라가 하늘을 덮습니다. 동시에 불덩이들이 사방으로 날아가 전 세계를 거대한 불길에 휩싸이게 합니다. 지상은 타버리고 하늘은 먼지로 뒤덮입니다. 지옥이나 다름없는 풍경입니다. 대기를 휘감은 먼지층은 지구의 태양열 흡수를 막고 결국 지구 전역을 동토(凍土)나 다름없는 곳으로 만들어버립니다. 핵폭발 이후 발생한다는 핵겨울이 6500만 년 전에 실제로 일어난 것이지요. 핵겨울이 오면 먼저 식물이 죽습니다. 그리고 식물을 뜯어 먹는 초식동물이 굶어 죽습니다. 결국 초식동물을 잡아먹는 육식동물도 죽게 됩니다.

이런 재잉에서 어떤 종이 살아남을 수 있을까요? 결론적으로 에너지 효율이 높은 생명체가 생존할 것입니다. 단순 논리로는 키 작은 동물이 생존에 더 유리합니다. 그때까지 지구에서 주인 노릇을 한 거대 생명체인 공룡은 그 거대함 때문에 역사의 무대에서 퇴장하게 됩니다. 덩치로 흥했다가 덩치로 망하고 마는 역설이네요.

이제 무대에는 다른 주인공이 등장합니다. 공룡이 멸절한 뒤 땅속에 굴을 파고 지내면서 이것저것 마구 먹어대는 잡식성 포유류가 우연히 번성할 기회를 잡았습니다. 멕시코 만에 운석이 떨어지고 6000만 년쯤 흘렀을 때 인간의 선조로 여겨지는 원숭이 비슷한 생명체가 영장류에서 분화해 아프리카에 출현합니다. 만일 소행성이 그때 그곳에 떨어지지 않았다면 인간을 포함한 포유류는 지구 생태계에서 '후보' 신세조차 벗어나지 못했을 겁니다(소행성이 떨어진 곳의 지질이 재앙을 더 악화시켰다는 분석도 있습니다). 만약 그때 그곳에 거대한 운석이 떨어지지 않았다면, 설령 기적적으로 인간이 지구 생태계에서 한 자리나마 차지했다손 치더라도 공룡과 함께 살 수밖에 없는 상황이었겠죠. 지금과 같은 문명사회는 꿈도 꾸지 말아야 했을 겁니다. 공룡과 지구를 공유하는 처지라면 인간은 티라노사우루스의 한 끼는커녕 간식거리도 되지 못했을 테니까요.

운석 충돌이라는 아주 절묘한 우연 덕분에 인간은 후보에서 주역으로 바뀌었고 지금은 지구의 지배자로 군림하고 있습니다. 그러나 이런 '교체'가 아주 이례적인 사건은 아닙니다. 사실 공룡이 버글거린 중생대는 지질시대 구분상 고생대 말로 분류되는 페름기의 '대멸절'에 뒤이어 도래했습니다. 페름기 대멸절로 당시 지구 생명체의 95퍼센트 이상이 사라졌죠. 고생대의 폐허가 없었다면 공룡 또한 중생대에 지배적인 생물 종이 될 기회를 잡지 못했을지 모릅니다.

나아가 지구라는 행성이 없었다면 공룡이든 인간이든 아예 발생하지도 못했을 것입니다. 대략 46억 년 전에 탄생한 것으로 알려진 지구의 역사에 비하면 인류의 역사는 오스트랄로피테쿠스 같은 화석 인류까지 거슬러 올라가도 1,000분의 1에 지나지 않습니다. 더 세분해보면 문명화한 인간의 시대는 길게 봐도 지구 나이의 10만분의 1 정도겠지요.

인간은 지구의 부산물입니다. 우리의 바람과 달리 지구는 인간을 위해 존재하는 게 아닙니다. 인간은 지구에 나타난 우연한 현상일 뿐입니다. 마찬가지로 지구 또한 태양의 부산물입니다. 지구 탄생에서 5억 년 가까이 시간을 거슬러 올라가면 태양이 막 생성되는 모습을 볼 수 있습니다. 수소와 헬륨이 우주먼지와 뭉쳐져 거대한 구체를 만들었습니다. 태양으로 뭉치지 못하고 남은 우주먼지와 기체는 태양 주위를 오랜 시간 떠돌다가 약속이라도 한 듯 서로 끌어당겨 동그랗게 뭉칩니다. 바로 행성의 탄생입니다. 그 행성 중 하나가 지구입니다.

지금 지구의 자리(더 정확하게는 태양을 도는 궤도상)에서 우주먼지, 돌덩이, 기체 등 세상의 잡다한 물질이 5억 년 난리법석을 떤 끝에 태어난 게 지구입니다. 태양의 자식들인 수금지화목토천해(수성, 금성, 지구, 화성, 목성, 토성, 천왕성, 해왕성) 가운데 화성까지를 내행성계라고 하고 목성부터를 외행성계라고 합니다. 내행성계, 외행성계라고 멋진 이름을 붙이긴 했지만 사실 태양에 견주면 '계' 들은 별 의미가 없습니다. 지름이 지구의 열한 배로 태양계 전체에서 가장 큰 행성인 목성조차 태양과 비교하면 존재감이 미미합니다. 태양계에서 태양의 비중이 대략 99.9퍼센트라는 사실을 알게 되면 행성이란 단지 태양에 흡수되지 못한 찌꺼기에 지나지 않는다는 사실을 곧 인식하게 됩니다.

태양계 얘기를 더 할 필요는 없을 것 같고, 처음 떠오른 궁금증을 해결하도록 하지요. 6500만 년 전 지구에 떨어져 공룡을 멸절시킨 그 큰 돌은 어디에서 왔을까요? 물론 출처를 알 수 없지만 짐작할 수는 있습니다. 대체로 태양계 내 운석 같은 돌덩이들이 대규모로 떠도는 세 곳 가운데 하나일 겁니다. 첫째, 화성과 목성 사이에 있는 소행성대(Asteroid belt), 둘째, 해왕성 바깥의 카이퍼 벨트(Kuiper belt, 태양에서 45억~75억 킬로미터 거리에 있음), 셋째, 태양계 외곽을 형성하는 오르트

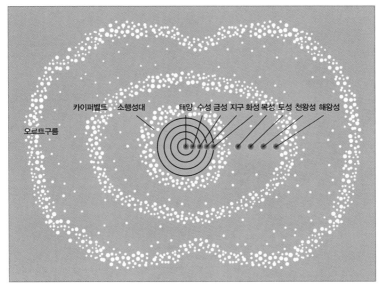

카이퍼벨트 　소행성대　　　태양 수성 금성 지구 화성 목성 토성 천왕성 해왕성

오르트구름

태양계

구름(Oort cloud, 태양에서 3만~10만 AU 거리에 있음. 1AU는 약 1억 5,000킬로미터)입니다.

　지구를 때린 그 운석이 세 곳 중 어디에서 왔는지 지금으로선 알 수 없지만 중요한 사실은 지구란 행성에 끊임없이 운석이 떨어졌다는 점입니다. 단적으로 달 표면이 곰보인 것을 보면 운석이 얼마나 많이 떨어지는지 짐작할 수 있을 테지요.

　가운데가 찌그러진 타원 모양으로 태양계를 둘러싸고 있는 오르트 구름은 태양계가 안정된 이후 운석의 중요한 출처입니다. 태양이나 행성이 되지 못한 채 태양계 외곽에서 떠도는 먼지와 가스, 돌덩어리들이 운석의 재료입니다. 여기까지가 태양의 인력이 미치는 범위입니다. 오르트 구름 속의 운석은 태양을 향해 여행을 떠나기도 하지만 태양의 인력을 뚫을 힘을 받는다면 태양과 반대 방향으로 길을 떠날 수도 있습니다. 물론 대다수는 태양 쪽을 향합니다. 여기서 드는 궁금증은 오르트 구름이란 형태로 큰 동요 없이 제자리를 지키던 돌덩이들이 어떻게 지구에 도달하게 되었나 하는 것입니다.

초기에 불덩어리였던 지구는 식는 동안 무수히 많은 운석의 내방을 받았습니다. 태양계가 형성되던 초창기엔 주변에 떠다니는 돌들이 매우 많았기 때문입니다. 태양계 상황이 정리되고 어느 정도 안정기에 접어든 이후에는 그 빈도가 나름 규칙적이 됩니다. 지구의 불청객들 가운데는 대멸절을 가져온 6500만 년 전 운석이 가장 유명하지만 20세기 초반에도 꽤 큰 돌이 날아와 지구를 위협했습니다. 1908년 시베리아 퉁구스타 지역에 떨어진 운석은 툰드라 삼림을 다 태웠을 뿐만 아니라 그 휘황찬란한 빛이 멀리 유럽에서도 관측되었다고 합니다.

불청객이란 표현을 쓰기는 했지만 지구 외부에서 날아온 돌이 꼭 나쁘기만 한 것은 아닙니다. 많은 천체물리학자는 운석이 지구에 생명과 물을 전해줬다고 주장합니다. 대멸절을 일으키는 원인이 되기도 하지만 동시에 생명의 기원이 되는 여러 물질을 이 소행성이나 운석들이 가져다주었다는 추측입니다.

대멸절에 대해서도 당하는 생물의 처지에서는 형언하기 어려운 비극이지만 지구 차원에서는 꼭 나쁘지만은 않다는 견해가 있습니다. 빈도가 적당하기만 하다면, 매너리즘에 빠진 지구 생태계를 건강하게 유지하는 필요한 자극이라는 생각이지요. 컴퓨터를 오랫동안 켜놓았을 때 뚜렷한 이유 없이 작업이 느려지는 경험을 해보았을 겁니다. 이럴 때는 고민할 필요 없이 과감하게 껐다 켜면 컴퓨터가 다시 빨라집니다. 대멸절도 이와 같습니다. 가끔 생태계에도 리부팅이 필요하다는 말입니다.

그럼 돌이 떨어지는 빈도는 어느 정도가 좋은 걸까요? 당연히 모자라지도 덜하지도 않고 적당해야죠. 오르트 구름에서 어떤 이유로 운석들이 지구를 향해, 즉 태양계의 중심 방향으로 출발했다고 칩시다. 돌덩이들이 태양에 끌려가다가 우연히 진행 궤도상에서 지구를 만나면 지구로 떨어지게 됩니다. 확률 게임인 셈이죠. 그런데 단지 확률에만 의지한다면 지구는 너무 많은 운석에 얻어맞아 피투성이가 되고 말 겁니다. 다행히 지구에는 든든한 보디가드가 있습니다. 목성입니다. 목성의 무게는 지구의 318배입니다. 인력이 그만큼 크기 때문에 적잖은 운석과 소행성을 목성이 흡수합니다. 목성은 지구의 수

호천사인 셈입니다. 목성 인력권에 빨려 들어가지 않은 돌들이 간혹 가다 지구를 때립니다. 너무 자주 지구에 떨어지면 지구는 생명이 살기 어려운 행성이 되었을 것이고 너무 가끔 오면 외계 물질이 충분히 공급되지 않아서 아름답고 푸르고 다양한 생물이 넘쳐나는 행성이 되지 못했을 겁니다.

다시 한 번 의문이 생깁니다. 얼마나 자주 오는 게 좋을까요? 결과론적 해석이지만 우리 지구에 적용된 빈도는 아주 적당한 듯합니다. 게다가 이 적당함은 매우 정교한 우연에 근거했습니다. 지구에 운석이 도래하는 빈도와 관련해 목성(과 토성)이 어떤 구실을 하는지는 이미 말씀드렸지요. 그런데 놀랍게도 공급 자체가 조절되고 있다는 견해가 존재합니다.

태양은 우리 은하에 있는 무수히 많은 별 가운데 하나입니다. 태양은 우리 은하의 중심에서 대략 2만 6,000광년 정도 떨어져 있습니다. 아시다시피 우리 은하는 대다수 다른 은하들과 마찬가지로 나선형 회오리 모양입니다. 태양은 우리 은하의 중심을 공전합니다. 공전주기는 대략 2억 2600만 년으로 추정됩니다. 거대한 블랙홀이 있을 것으로 예상하는 우리 은하의 중심을 태양이 공전하면서 다른 별을 스쳐 지나갑니다. 여기서 스쳐 지나간다는 표현은 어떤 형식으로든 서로 중력의 영향을 받는다는 것을 의미하겠죠. 그때 생긴 미묘한 힘의 변화가 오르트 구름 내 운석들을 움직이게 하는 요인이 되기도 합니다.

예를 들어 우리가 서울 도심 명동을 걸어간다고 칩시다. 번잡한 시간이라면 오며 가며 행인들과 어깨를 부딪치기 마련이지만, 강원도 횡성 어느 산촌을 산책한다면 어깨가 닿기는커녕 사람 구경조차 하기 어렵겠지요.

만일 우리 은하 내 태양의 공전궤도가 지금과 달랐다면 어떤 일이 벌어졌을까요? 태양이 더 많은 별을 스치거나, 더 적은 별들을 스치게 되었을 테죠. 따라서 오르트 구름에 미치는 힘이 달라져 오르트 구름에서 이탈하는 운석의 숫자가 더 많아졌거나 더 적어졌을 겁니다. 지구에 도래하는 운석과 소행성의 숫자가 우리 은하 내 태양의 위치에 따라 어느 정도 사전에 결정됐다는 얘기입니다.

태양이 우주에서 특별히 눈에 띄거나 주목할 만한 별이 아니라는 데는 이미 의견이 모인 듯합니다. 그렇지만 수많은 우연이 잇따랐다고 해도 지구와 관련한 '설계'는 매우 특별해 보입니다. 지구를 둘러싼 자기장의 크기, 상대적으로 큰 달의 존재 등 '설계'가 하도 특별하고 정교해 혀를 내두를 지경입니다.

그렇다면 은하철도 999를 타고 안드로메다를 향해 가는 철이가 안드로메다에서 혹은 안드로메다와 우리 은하 외에 수십 개 은하를 합한 이른바 국부은하를 넘어 전 우주에서 우리 지구와 흡사한 행성을 찾을 확률은 얼마나 될까요? 미래 인류에게 남은 유일한 희망이란 우주 어딘가에서 지구와 흡사한 행성을 찾아 대이주를 결행하는 것뿐이라고 주장하는 사람들이 적지 않습니다. 지금의 전 지구적 위기를 인류가 스스로 해결할 능력이나 의지가 없다는 전제하에서 하는 말이겠지요.

물론 지구가 누린 수많은 우연과 과학기술이 발전하는 속도를 고려할 때 영화 〈아바타(Avatar)〉처럼 자원 고갈 문제에 봉착하게 될 가능성이 없지 않겠지만, 그 확률이 절대 높지는 않아 보입니다. 당장은 인류의 터전인 지구의 현재를 보위하는 게 낫지 않을까요? 이것이 미래에 대비하는 훨씬 더 현실적이고 지혜로운 방책일 겁니다.

46억 년 지구 역사에서 인간 또는 인간 비슷한 것이 출현한 건 약 500만 년 전입니다. 그러다 마침내 지금의 인간 종이 등장해 지구에서 번성할 기회를 잡습니다. 아프리카 기원설은 현생인류가 아프리카에서 유래했다는 이야기입니다. 인류의 고향인 아프리카에서 힘겨운 삶을 영위하던 우리 조상은 어느 순간 용감하게 (아마도 환경 변화 때문에) 아프리카를 탈출합니다. 이 사건이 바로 인류학에서 말하는 '아웃 오브 아프리카(Out of Africa)' 입니다.

아프리카에서 벗어나 중앙아시아에 정착한 건 지금으로부터 4만 년 전 일입니다. 그때 그곳에 첫발을 내디딘 '사람' 은 현재 카자흐스탄에 사는 니야조프라는 사람의 2,000대조 할아버지입니다. 유전자 연구로 밝혀진 인류의 족보지요. '아웃 오브 아프리카' 족(族) 중 일부는 중앙아시아에 남고 일부는 또다시 여행을 떠납니다. 뿔뿔이 흩어져 누구는 유럽으로 가고, 누구는 아시아로 가고, 또 일부는 베링해를 건너 아메리카로 갑니다.

'아웃 오브 아프리카' 족 가운데 가장 유명해진 게 유럽으로 간 일파입니다. 아프리카를 떠나온 호모 사피엔스 사피엔스 가운데서도 독자적인 이름을 얻은 이들이 바로 크로마뇽인입니다. 발견된 동굴 이름을 따서 붙인 이름이지요. 크로마뇽인은 그들의 선배에 해당하는 네안데르탈인과 경쟁해 살아남습니다. 크로마뇽인은 네안데르탈인을 잡아먹기도 했다고 합니다. 호리호리한 크로마뇽인이 근육질 네안데르탈인을 멸종시키고 호모 사피엔스 사피엔스를 지구의 지배자로 등극시킵니다.

그러고도 더 많은 세월이 흘러 비로소 문명 비슷한 게 발흥합니다. 문명의 시작은 얼마를 거슬러 올라가야 할까요? 아주 미미하게나마 '사람다움'이 관철되는 수준을 기준으로 한다면 한 5,000년 정도 거슬러 올라가야 할 겁니다. 세계에서 가장 오래 존속한 제국 이집트 왕국은 3,000년 역사를 자랑합니다. 대략 기원전 3,000년부터 아우구스투스가 로마의 황제로 등극할 무렵까지라 보면 됩니다. 그렇지만 지금 우리가 사는 모습을 연상할 수 있을 정도로 문명이 기틀을 잡기 시작한 시점은 18세기 산업혁명기로 보는 게 무난하겠죠.

산업혁명이 일어난 지 고작 수백 년 만에 인류는 크나큰 변동에 직면합니다. 인류뿐 아니라 지구도 심각한 변화에 노출됩니다. 특히 20세기를 거치면서 인류와 지구가 경험한 변화는 어떤 의미에서든 매우 극적이었습니다. 인간 삶의 질만 놓고 본다면 긍정적인 변화로 평가할 수도 있겠지요.

우리 인간은 농업혁명과 산업혁명에 이어 정보기술(IT)혁명을 거치면서 지구 역사상 처음으로 지구 운명에 영향을 끼칠 수 있는 종이 됐습니다. 게다가 자외선을 막아주는 오존층에 구멍을 내고, 북극과 남극 빙하를 녹여 해수면을 높이는 등 지구 기후와 생태계를 자력으로 바꾼 첫 종이기도 합니다. 무지가 낳은 의도하지 않은 결과였죠. 모두 인간의 지속 가능성을 높이기 위한 투쟁이었지만 결국 지구의 지속 가능성을 위협하게 된 꼴입니다. 인간은 일시적으로 지구라는 독립변수에 영향을 끼치는 아주 특수한 변수였을지 모르나, 결국 지구의 영향을 받는 종속변수일 수밖에 없습니다. 그런 인간이 이제는 지구의 지속 가능성을 침해하면서 자신이 버티고 선 지반을 스스로 무너뜨리기 시작한 것입니다.

우리 공동의 미래는 지속 가능한 미래일까. '지속 가능' 담론이 사회 저변에 확산하고 있지만 아직은 모색 차원에 머물고 있다. 지속 가능한 경제, 지속 가능한 사회는 지속 불가능 인프라를 지속 가능 인프라로 대체함으로써 가능해진다. 이행에는 '호모 이코노미쿠스(Homo Economicus)'가 주도한 이 세상에서 호모 이코노미쿠스를 추방하거나 적어도 순치하는 일이 반드시 포함돼야 한다. 인류가 서둘러 전환에 나서지 않으면 지구라는 푸른 행성은 '제2의 금성'으로 전락해 어떠한 생명도 발붙이지 못하게 될 것이다. 인류의 지속 가능한 미래는 지구촌 차원의 인식과 국가 차원의 인식이 조화를 이룬 가운데 거대한 전환이 힘 있게 추진될 때 가능하다. 미래 세대의 몫을 현 세대가 미리 당겨쓰거나, 응당 나눠 가져야 할 것을 탐욕스럽게 혼자 갖는 행위를 줄이는 게 전환의 핵심이다.

chapter 1

착한 호모 이코노미쿠스를 꿈꾸다

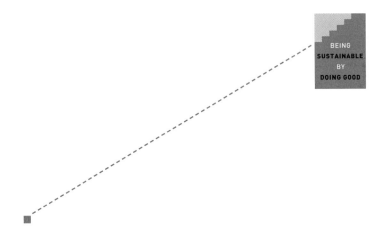

우리 공동의 미래, 지속 가능한 발전, 금성

산업혁명 이후 풍요로운 삶을 누리다보니 문제가 생기기 시작했습니다. 이 문제는 수백 년, 짧게는 한 150년 만에 인류가 지구 탄생 이래 가장 큰 풍요를 누리는 종으로 도약하면서부터 생긴 것입니다. 인류에게만 국한된 것이 아니라 지구와 지구에 터를 잡고 있는 모든 생명체와 관련된 문제입니다.

현대사회에서 지구촌 전체를 통틀어 가장 보편적인 의제인 '지속 가능' 이란 문제가 도출된 것입니다. 정확하게는 '지속 가능한 발전 (Sustainable Development)' 을 말합니다. 지속 가능한 발전이란 개념이 정의된 것은 1980년대 후반이지민 문제의식은 이미 오래전부터 나타났습니다.

가장 유명한 것이 로마클럽(Roma Club)입니다. 물론 그전에도 성직자이면서 지식인이라고 할 수 있는 영국의 토머스 맬서스(Thomas Malthus) 같은 사람들이 지속 가능 문제를 고민했다고 볼 수 있습니다. 맬서스는 인구가 기하급수로 증가하는 반면 식량은 산술급수로 느는 데 따른 '비대칭'에 주목했습니다. 이 비대칭은 지속 가능한 것이 아닙니다. 식량 생산을 늘리기 위해 안간힘을 쓰겠지만 종국에는 다 같이 적게 먹거나 아니면 일부는 굶어야 하기 때문입니다. 다 같이 적게 먹는다는 발상은 성욕을 통제해 인구 증가를 억제해야 한다는 맬서스의 처방만큼이나 비현실적입니다.

인구와 식량의 비대칭은 사회의 비대칭을 키우게 됩니다. 결국 맬서스의 말대로 기아와 빈곤이 사망률을 높여 비대칭은 해소되겠지만 그 과정은 참담할 것입니다. 맬서스의 시선은 냉정해 보입니다. 그에게 빈민들은 어차피 '지속 가능'의 고려 대상이 아니었습니다. 오히려 지속 가능을 저해하는 세력이었습니다. 벌레나 다름없었죠. 맬서스의 지속 가능 관점은 계급적인 이해, 그것도 지배계급의 이해에 기반을 두고 있기에 협소한 지속 가능, 나아가 사이비 지속 가능으로 규정해도 되겠습니다.

1798년 맬서스가 쓴 《인구론》이 출간되고 200년 가까이 시간이 흘러 로마클럽에서 보고서를 냅니다. 1972년 발표된 《성장의 한계》라는 보고서는 맬서스가 지닌 문제의식의 연장선에 있습니다. 1950년대와 1960년대에 서구를 중심으로 유례없는 성장기를 거치면서 인류가 품게 된 자신감은 1970년대 들어 위축됩니다. 1968년 6·8혁명과 1971년 미국의 금본위제 포기가 상징하듯 인류 문명의 자기 제어 능

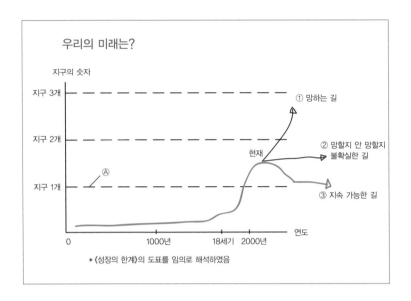

우리의 미래는?

지구의 숫자

지구 3개 ----- ① 망하는 길

지구 2개 ----- ② 망할지 안 망할지 불확실한 길

현재

지구 1개 ----- ③ 지속 가능한 길

Ⓐ

0   1000년   18세기 2000년   연도

*《성장의 한계》의 도표를 임의로 해석하였음

력이 시험대에 오릅니다. 《성장의 한계》에서 분명하게 표명한 것은 아니지만 이후 자기 제어 능력의 핵심은 지구온난화에 어떻게 대응 하느냐 하는 문제로 집약됐습니다. 《성장의 한계》는 지구온난화가 지구촌의 핵심 의제로 떠오르기 전에, 관련된 기존 문제들에 관한 '종합 고민 세트'라고 볼 수 있습니다. 위 그래프가《성장의 한계》에 서 하려고 하는 얘기를 웅변합니다.

가로로 이어진 그래프 A는 지구의 수용 능력을 뜻합니다. 오른쪽 으로 상승하는 그래프는 인류의 '지구 사용량'입니다. 세로축 표현 이 재미있습니다. '지구의 숫자'라고 돼 있죠. 득성 시점 인간의 '지 구 사용량'에 맞추려면 지구가 과연 몇 개나 필요한지 설명한 것입니 다. 당연히 화성이나 달을 대안으로 마련하지 않았기 때문에 지금으로서는 지구 한 개에 해당하는 사용량이 한계입니다. 그러나 그래프는 1970년대 후반에 이미 지구 한 개를 넘어섰습니다. 인류의 삶을 지금처럼 지탱하기 위해서는 다른 곳에서 지구의 5분의 1조각 이상을 빌려 와야 합니다. 지구의 용량을 40퍼센트 이상 초과했다는 추정도 있습니다.

지구를 빌려 올 수 없으니 그저 견디는 수밖에 없습니다. 지구는 결국 극심한 스트레스에 시달릴 겁니다. 나중에는 지구가 감당하지 못해, 지구 한 개를 가로질러 우상향하는 그래프 자체를 털어낼지 모릅니다. 그 말은 지구가 자신의 표면에서 인간을 털어낸다는 뜻이겠지요.

《성장의 한계》는 이 같은 관점에 따라 인구, 공업 생산, 식량, 자원, 환경오염 등 다섯 가지 주제에 걸쳐 비관적인 전망을 합니다. 《성장의 한계》는 현대사회에 큰 영감을 줬지만 이때까지만 해도 환경오염은 다섯 가지 주제 가운데 하나에 불과했습니다. 하지만 이후 환경오염은 독자적이고 가장 중요한 의제로 제안됩니다. 지구온난화와 연관되어 있기 때문입니다.

지금 논의되는 것과 같은 수준으로 지구온난화 문제를 본격 제시하지는 않았지만, 어떤 의미에서 서막을 열었다고 평가되는 책이 있습니다. 이제는 고전 반열에 오른 레이첼 카슨(Rachel Carson)의 《침묵의 봄》입니다. 《성장의 한계》가 나오기 10년 전인 1962년 출간된 이 책에서 말하는 '침묵의 봄'은 환경오염으로 새들이 울지 않는, 즉 새들이 죽어버린 암울한 세계를 뜻합니다. 당시 사회에 지속 가능 발전이란 의제를 앞장서서 제안했다는 점에서 기념비적 저작이라 할 수 있습니다.

1987년에 이르러서야 지금 통용되고 있는 지속 가능 발전이란 개념이 정의됩니다. 유엔 '환경과 개발에 관한 세계위원회(WCED; World Commission on Environment and Development)'에서 발표한 보고서인 《우리 공동의 미래(Our Common Future)》를 통해서입니다. 보고서 작성 책임자인 전(前) 노르웨이 수상 그로 할렘 브룬틀란(Gro Harlem Brundtland)의 성을 따서 '브룬틀란 보고서'라고도 합니다.

그러면 지속 가능 발전의 개념을 구체적으로 살펴볼까요?

"지속 가능한 발전은 미래 세대의 욕구를 충족시킬 수 있는 능력을 위태롭게 하지 않고 현 세대의 욕구를 충족시키는 발전을 의미한다. 두 가지 핵심적인 개념이 여기에 포함되어 있다.

① 욕구의 개념, 특히 세계의 가난한 사람들의 필수적인 욕구. 여기에 일차적인 우선권이 부여되어야 한다.

② 기술과 사회조직의 상태가 현재와 미래의 욕구를 충족시킬 수 있는 환경 능력에 미치는 한계의 개념."

– 세계환경발전위원회, 《우리 공동의 미래》

일반적으로 '지속 가능 발전'이라고 하면 현 세대와 미래 세대의 관계에만 주목하는 경향이 있습니다. 이런 통시적(通時的)인 접근도 매우 중요한 것이지만 '세대들'에만 시선을 고정하면 반쪽짜리 이해에 머물고 말 수 있습니다. 지속 가능 발전은 같은 세대 내의 불평등 해소 또한 강조합니다. 이른바 공시적(共時的) 접근입니다. 통시적이면서 공시적으로 접근해야 지속 가능 발전의 전체 그림을 제대로 그릴 수 있습니다.

우선 우리가 행복하고 잘살기 위해, 미래 세대의 행복할 권리와 잘살 권리를 침해해선 안 된다는 통시성의 측면에 대해 살펴보겠습니다. 먼저 한 나라의 국민으로서 친숙한 주제인 정부 이야기로 지속 가능성을 살펴봅시다.

정부 재정은 어떻게 운영될까요? 정부 수입 측면에만 초점을 맞추면 가장 큰 수입원은 세금입니다. "소득 있는 곳에 과세 있다"는 얘기가 허투루 나왔겠습니까? 세금은 정부의 핵심적이고 가장 큰 수입원입니다.

세금 말고는 어떤 수입원이 있을까요? 우리가 월급만으로 생활이 되지 않으면 어떻게 하나요? 마이너스통장을 이용하든지, 친지에게 빌리든지 해서 임시변통합니다. 더 급하면 대출 광고에 자주 등장하는 업체들 가운데 한 곳에 전화하기도 합니다. 정부도 빚을 많이 지는데, 이 빚은 일상적으로 일어나기 때문에 임시변통은 아닙니다. 가계와 달리 정부는 당당하게 빚을 냅니다. 정부가 빚을 내면서, 얼마만큼 빌렸고 언제 원금을 갚을 생각이고 이자는 얼마씩 내겠다고 증서를 써준 것을 국채라고 합니다.

국가가 세계 금융시장에서 빚을 질 때 부담할 이자를 결정하는 구조는 개인 대출자에게 적용하는 논리와 같습니다. 돈을 빌리는 개인이 신용도가 높다면 은행으로 가겠지만, 그렇지 못한 사람은 케이블 텔레비전에 시도 때도 없이 광고하는 대부업체로 가야 합니다. 더 내몰리면 음성적으로 영업하는 사채업자를 찾을 수밖에 없죠. 삼성전자의 위험도가 한국 정부의 위험도보다 낮다고 합니다. 이 말은 한국 정부가 빚을 지면서 발행한 채권, 즉 국채가 부담하는 이자율이 삼성전자가 빚을 지면서 발행한 채권, 즉 회사채의 이자율보다 더 높을 수 있다는 얘기입니다. 정부는 다른 나라 정부와 경쟁해야 할 뿐 아니라 제한적이기는 하지만 다국적 기업과도 자본시장에서 경쟁해야 하는 상황입니다.

세금과 국채 발행 외에도 정부는 직접 기업을 설립·운영해 돈을 벌기도 합니다. 정부가 운영하는 기업, 즉 공기업은 사실 돈을 벌기 위해 설립된 조직이 아닙니다. 대부분 공공재 성격인 상품을 독점적인 시장에 공급하기 위해 만들어졌습니다. 여기서도 수입이 발생합니다. 모두 공공재인 것은 아니지만 과거 왕조시대 정부들도 직접 기업을 운영했습니다. 이른바 전매사업입니다. 인삼·소금·담배 등이 대표적입니다. 정부가 국민을 상대로 돈을 벌어들인 사례입니다. 반대로 공기업을 운영하면서 적자를 볼 수도 있습니다. 이 적자는 재정 운용 원칙에 입각한 의도한 적자이겠지요.

또 다른 수입원으로 화폐 추가 발행은 고려하지 않는 게 좋습니다. 세계대전을 치르면서 영국이 그런 극단적인 선택을 한 적이 있긴 합니다. 하지만 전쟁과 같이 앞뒤 잴 경황이 없는 특수한 상황이라면 모를까 평소에는 생각할 수조차 없습니다. 더구나 요즘은 세계적으로 통화량에 관한 엄격한 준칙을 지키는 경향이 강합니다. 화폐 추가 발행은 재정 목적보다 경기를 조절하는 수단으로는 활용될 수가 있으며 국가 경제의 건전성을 지켜야 한다는 고상한 동기는 차치하고라도, 지금의 국가 경제는 세계경제에 긴밀하게 포섭돼 있기 때문에 현실적으로 그런 선택을 내리기가 어렵습니다.

극단적인 결정을 내려 중앙은행이 돈을 마구 찍어내 민간에 진 정부 빚을 갚았다고 칩시다. 이때 유발된 인플레이션으로 국가 경제 체질은 급속도로 나빠지고 외국 자본이 떠나게 됩니다. 이 정도는 잠시 힘들어도 함께 참아내자며 국민을 설득할 수 있겠습니다. 하지만 만약 빚이 자국 통화가 아니라 다른 나라 통화로 진 것이라면 문제는 복잡해집니다. 달러로 진 빚이 있다면 원화를 찍어내 갚을 도리가 없기 때문입니다. 결국 국가 부도가 일어나게 됩니다. 국가 부도라는 말은 일국 경제가 일국에서 벗어나 세계경제에 편입되었기에 쓰이는 용어입니다. 우리나라도 1997년 외환위기에 직면해 국제통화기금(IMF)에서 급전을 조달한 경험이 있습니다. 사실상 부도가 난 셈이죠.

정부로서는 되도록 피하고 싶겠지만 이런 방식으로 급전은 조달할 수 있습니다. 그러나 정상적인 빚이 아니므로 처음에는 드러나지 않지만, 공식적인 비용 외에도 그 규모가 절대 작지 않은 비공식적 비용이 발생하게 됩니다. 외환위기 이후 우리 사회는 그 비용을 적잖게 치렀습니다. 서브프라임 사태 이후 상황도 많이 달라져서 각국 정부는 통화량과 관련한 준칙 따위는 집어던져버렸습니다. 시장 자본주의란 말 대신 국가 자본주의란 말을 써야 할 지경입니다. 단 국가 부도에 관한 한 대한민국의 취약성은 같습니다. 원화를 통화로 쓰는 경제권의 본질적인 한계라고 할 수 있습니다.

　과세, 국채 발행, 공기업 운영에다 급전으로도 안 되면 다음 단계는 무엇일까요? 우리는 외환위기 때 금 모으기 운동을 목격한 바 있습니다. 금을 모아서 내다 파는 거죠. 달러로 바꿔서 (달러로 진) 빚을 갚습니다. 다른 관점에서 논의해야 할 사안이긴 하지만 크게 보아 민영화도 금 모으기 운동과 비슷합니다. 수입원 이상이란 의미가 있지만 민영화는 정부에 바로 돈을 가져다줍니다. 민영화는 한마디로 정부가 가진 재산을 민간에 파는 것입니다. 가계에 비교하면 어려움에 부딪혔을 때 가재도구를 파는 것이나 마찬가지입니다. 공기업을 운영해 꾸준히 수입을 창출하는 대신 민간에 공기업을 매각해 돈으로 바꾸는 게 민영화입니다(과거 영국 대처 정부에서 열성적으로 민영화를 추진한 이래 민영화는 보편적 철학으로 각국 정부에서 검토되고 실행됐습니다. 그렇지만 다른 철학을 지지하는 세력의 격렬한 반대에 부딪힌 바 있습니다).

　민영화의 철학은 복잡하지만 거래는 단순합니다. 정부로서는 자산이 나가고 돈이 들어올 것입니다. 예컨대 인천국제공항공사 같은 곳이 민영화되면 당장 정부 장부에는 수입으로 잡힐 겁니다. 물론 자산 항목에서는 빠져나가겠죠. 한방에 현금이 쏟아져 들어오게 하는 방법입니다.

　이처럼 정부는 과세, 국채 발행, 공기업 운영, 나아가 민영화를 통해 수입을 창출합니다. 재정의 건전성을 따진다면 어떤 사항을 중점적으로 봐야 할까요?

신문에 심심찮게 등장하는 용어로 국가 채무 비율이 있습니다. 개인과 마찬가지로 국가도 감당할 수 있는 만큼만 빚을 져야 재정 운용에 어려움을 겪지 않는다는 것이죠. 가계·기업과 마찬가지로 금융 비용이 과다하면 복지, 미래 성장 동력 등에 투자할 여력이 없어집니다. 또 이론적인 이야기지만 만기가 돌아오면 갚아야 하기 때문에 언젠가 한 번에 목돈이 나가게 됩니다.

모든 빚 증서에는 만기, 즉 갚아야 할 시기가 적혀 있습니다. 국채도 마찬가지입니다. 국채 중에 최우량은 미국 정부가 발행한 것입니다. 여러 가지 만기 중에 30년짜리도 있습니다. 기간과 상관없이 구조는 같습니다. 30년 만기 국채는 지금 빚 증서를 내주고 돈을 받은 다음 30년 뒤에 갚겠다는 얘기입니다. 계획이야 있겠지만 그때 갚을 돈은 30년 뒤 누군가 다른 사람이 감당하겠지요. 그때 가서 별다른 수가 없으면 만기가 된 채권을 소유한 사람에게 세금으로 돈을 내줘야 합니다. 그나마 빚을 갚기 위해 다시 채권을 발행할 수 있으면 다행이겠죠.

지금 미국 정부를 비롯해 세계 각국 정부가 서브프라임 사태 이후 재정 확대로 위기를 수습하고 있습니다. 투자은행들이 저질러 놓은 난장판을 세금으로 수습하고 있는 셈이죠. 안 그래도 적자 상태인 미국 정부는 서브프라임 사태 이후 적자가 더 늘었습니다. 연간 재정 적자 규모는 1조 달러를 훌쩍 넘어섭니다. 1조 달러면 우리나라 1년 국내총생산(GDP)과 맞먹는 금액입니다.

미국이 이 상태로 계속 빚을 쌓아간다고 생각해봅시다. 계속 국채를 발행하는 것이지요. 현실 여건상 미국 정부가 획기적으로 빚을 줄일 방법이 보이지 않습니다. 언젠가는 이 빚을 갚아야 합니다. 오늘 발행한 30년 만기 국채라면 지금 태어난 아이들이 서른 살이 될 때 만기가 돌아옵니다. 어떤 식으로든 미국 정부는 돈을 내어주어야 할 겁니다. 물론 상환 부담이 너무 클 때는 만기를 연장하겠지요.

원금은 갚지 않고 이자만 내며 버티다 보면 전체 빚 규모가 점점 불어납니다. 이른바 차환 발행(roll-over)이라고 하는 것으로 따지고 보면 카드 돌려막기와 크게 다르지 않습니다. 카드 빚이든 국채든 언제까지나 돌려막을 수는 없는 노릇입니다. 결국 언젠가는 그리고 누군가는 갚아야 합니다. 못 갚으면 파산하는 것이죠. 정부는 개인처럼 장기 매매에까지 몰리는 극단적 상황에 처하지는 않겠지만 종국에는 세금으로 막을 수밖에 없습니다. 단 정부 재정 규모가 확대돼 인플레이션이 발생하면 실제 빚 부담은 줄어들 수 있습니다. 개인이나 기업이 진 빚과는 달리 정부는 빚을 줄일 여러 가지 대안을 가지고 있습니다. 대표적인 것이 바로 '인플레이션 조세(Inflation Tax)'입니다.

재정을 건전하게 유지하지 않으면 언젠가는 크게 수습할 일이 생깁니다. 거둘 수 있는 한 최대로, 시쳇말로 마른 수건 쥐어짜듯 세금을 거뒀지만 도무지 빚을 갚을 수 없는 지경이라면 어떻게 됩니까? 부도입니다. 미국 지방자치단체들이 실제로 부도난 적이 있고 1998년 러시아 정부의 국가부채위기 사태 등 국가기 **부**도나는 일노 심심찮게 일어납니다.

정부가 지속 가능하고, 정부 재정이 지속 가능하게 운영돼야 한다는 말은 지금 현 세대뿐 아니라 미래 세대도 적정한 수준의 삶을 유지할 수 있어야 한다는 뜻입니다. 현재 수준을 유지하기 위해 마구 빚을 내 미래 세대에게 떠넘긴다면 우리 아들딸 세대는 세금을 내느라 허리가 휠 테니까요.

국가만 그런 게 아닙니다. 어느 집안에나 "주색잡기에 빠진 할아버지가 재산을 탕진하는 바람에 아버지가 고생 많이 하셨다"는 이야기 하나쯤은 있을 것입니다. 할아버지가 자신의 욕구를 채우기 위해 아들이나 손자 세대가 행복하게 사는 데 필요한 자원을 당겨서 써버린 셈이죠. 이런 세대 간 문제를 개인 수준에 환원해보면 무분별하게 카드 빚을 내서 유흥이나 쇼핑으로 탕진한 뒤에 해결책을 찾지 못해 전전긍긍하는 것과 다르지 않습니다. 세대 간의 문제는 장기 자금 운용 계획과 단기 자금 운용 계획을 얼마나 조화롭게 수립하느냐 하는 문제로 볼 수도 있습니다. 국가 재정과 세대 간 자원 배분이란 문제는 지속 가능 발전의 근본 개념이 어떤 것인지를 잘 보여줍니다.

이제 시야를 개인, 가계, 국가를 넘어서 우리 문명으로까지 넓혀봅시다. 현재 인류 문명을 운영하는 우리 세대는 '빚'을 내기 시작했습니다. 빚을 낸 지 얼마 되지 않았지만 빚의 규모는 엄청나게 커지고 있습니다. 빚이 빚을 낳고 점점 원금은커녕 이자도 감당할 수 없는 사태로 이어질 조짐이 나타나고 있습니다. 그 빚은 누구에게 진 것일까요? 바로 지구입니다. 우리 문명 공동의 위기인 지구온난화야말로 인류가 지구에 진 빚입니다.

인류 문명이 산업화를 진행하면서 내뿜은 온실가스는 무분별하게 발행한 국채와 똑같습니다. 갚지 못한다면 파산합니다. 정말 두려운 사실은 그 파산은 회생할 기회조차 없는 최종적인 파산 선고라는 점입니다.

사실 이산화탄소 등 온실가스로 생기는 지구온난화 자체는 인간을 포함한 모든 생명의 근본 생존 조건이기는 합니다. 온실가스 효과가 없었다면 지구에는 어떤 생명도 발을 붙이지 못했을 테니까요. 우주의 온도가 절대온도로 2~3도(섭씨 영하 270도 정도)라는 사실을 고려하면 우리 행성이 얼마나 따뜻한지 알 수 있습니다. 지구는 우주의 온도만큼은 아니지만 매우 추운 적이 있었고 지금보다 더 더운 적도 있었습니다. 2억 5000만 년 전 페름기가 끝날 때 지구는 끔찍한 온난화에 직면했습니다. 온도가 단기간에 거의 20도나 상승했습니다. 지구에 번성한 거의 모든 생물이 멸종했습니다. 가장 유명한 대멸절입니다. 맨 처음 살펴본 6500만 년 전 공룡 멸종도 대멸절 사례입니다. 두 대멸절의 원인은 화산 폭발(페름기)과 운석 충돌(백악기)로 이유가 상이하기는 하지만 적어도 특정한 생물 종이 촉발시킨 것은 아닙니다.

산업혁명 이후 인류가 '본격적'으로 문명화하면서 적잖은 생물 종이 사라지고 있습니다. 지구온난화 또한 갈수록 심해지고 있습니다. 몇몇 비관론자들은 이미 지구가 대멸절 단계에 접어들었다고 진단합니다. 주로 지구온난화에서 비롯한 급격한 기후 변동은 지구 역사상 처음으로 인간이라는 특정한 생물 종이 촉동하고 있습니다. 46억 년 지구 역사에서 길게 봐야 500만 년에 지나지 않은 인간 종이 말입니다.

인간이 초래할지 모를 우리 행성의 재앙스러운 미래를 보려면 바로 옆 행성 금성을 보면 됩니다. 우리 행성보다 조금 작고 중력도 얼추 비슷한 금성의 대기 온도는 무려 섭씨 500도입니다. 대기가 있지만 그런 상태에선 생명이 살아남을 수 없을 테죠. 대기 대부분이 이산화탄소입니다. 주요 온실가스가 대기를 채운 셈입니다.

지구의 미래가 금성일까요? 기원전 49년 로마의 율리우스 카이사르에게 루비콘 강이 그랬듯 사람이나 역사 또는 어떤 현상에는 되돌릴 수 없는 결정적인 지점이나 시점이 존재합니다. 과학자들은 지구온난화도 마찬가지라고 경고합니다. 어느 수준을 넘어서면 끊임없이 상승 작용하는 메커니즘을 작동시키게 되고 돌아가고 싶어도 결코 돌아갈 수 없게 된다는 얘기입니다. 지구온난화에 관해서도 비관적인 시나리오가 여럿 거론되고 있습니다. 그중 하나를 소개하자면, 대기 온도 상승에 이은 해수 온도 상승으로 해저에 천문학적 규모로 냉각돼 묻혀 있는 메탄(냉각된 메탄을 '메탄하이드레이트'라고 합니다)이 녹아 대기에 퍼지는 단계가 되돌릴 수 없는 시점일 수 있습니다. 그때쯤이면 동해에 대규모로 묻혀 있다는 메탄하이드레이트가 다 공중으로 날아가버려 한국과 일본이 독도를 두고 영유권 분쟁을 벌이지 않게 될까요? 지구온난화 문제가 루비콘 강을 건넌다면 땅이나 섬이 누구 것인지 시비를 벌일 인간 종 자체가 깨끗이 소멸할 것입니다.

"돌아갈 수 없는 다리를 건넜다"고 할 때의 그 다리를 물리학에서는 임계점(臨界點; critical point)이라고 합니다. 그 임계점을 넘으면 인류가 할 수 있는 일은 종말이 닥칠 때까지 기도하고 참회하는 것밖에는 없겠죠.

그럼에도 여전히 논란은 남습니다. 어느 수준부터 임계점이냐 하는 논란입니다. "임계점을 넘으면 안 된다는 데는 전적으로 동의하지만 너희 말은 너무 과장됐어"라고 환경론자에게 반박하는 사람들이 적지 않습니다. 맞습니다. 그 시점은 과학에 입각하기는 했지만 추정된 것이고, 아직 맞는다는 확증은 없습니다. 변수가 너무 많기도 합니다. 임계점을 넘는 상황이 이번 세기 내에 닥칠 것이며 그런 일이 일어나지 않도록 인류가 철저히 대비해야 한다는 주장이 광범위하게 퍼져 있지만 반론 또한 만만찮습니다.

다만 임계점 논의와 관련해서는 최대한 보수적인 자세를 취하는 게 좋다고 생각합니다. 방심하고 있다가 임계점을 넘어버린다면 잘못된 계산을 탓해봐야 무슨 소용이 있겠습니까? 앞서 살펴본 정부 재정과 관련해서는 혹여 국가가 부도나더라도 어떻게든 살림을 꾸려갈 수 있고 회생할 기회를 잡을 수도 있겠죠. 그러나 국가 수준을 넘어서 지구 전체와 관련된 문제에 대해서는 임계점을 통과하는 그 순간 상황은 돌이킬 수 없게 됩니다. 지구가 금성처럼 변하는 것도 순식간일지 모릅니다. 46억 년 지구 역사에서 500만 년밖에 안 된 인간이란 종은 사상 처음으로 집단 자살을 감행할 뿐 아니라 멀쩡히 잘 살아가는 다른 종까지도 파멸로 몰아넣는 주인공이 될 수도 있습니다.

이런 상황에서 사람들이 "우리 이러지 말고 착하게 살자"라고 선언하며 고안한 게 지속 가능 발전이라 할 수 있습니다. 지구온난화에 관한 본격적인 문제 제기와 지속 가능 발전이란 개념의 정립이 동전의 앞뒷면처럼 맞아떨어지지는 않습니다. 그러나 크게 보면 인류 문명의 지속 가능성까지 염두에 둔다는 측면에서 지구온난화는 지속 가능 발전의 핵심 의제입니다.

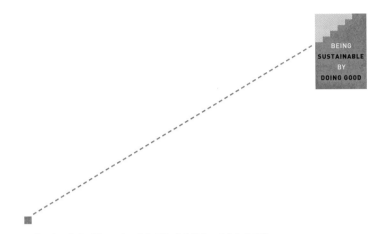

BEING
SUSTAINABLE
BY
DOING GOOD

미래와 현재 간 불균형뿐 아니라
현재의 양극화 또한 지속 불가능을 야기한다

　지속 가능 발전 개념을 경영에 접목한 게 바로 지속 가능 경영입니다. 다음에 더 자세히 살펴보겠지만 지속 가능 경영은 경제, 환경, 사회 세 부문의 성과를 두루 고려하는 경영 철학입니다. 1989년에 지속 가능 발전이란 개념이 세계적으로 더욱 주목받게 된 사건이 일어납니다. 1989년 알래스카 프린스윌리엄 해협에서 유조선 엑손 발데스 (Exxon Valdez) 호가 좌초해 원유를 바다에 유출한 사건입니다. 환경 현안과 관련해 지속 가능 경영에서도 자주 거론되는 매우 중요한 사례입니다.

　《우리 공동의 미래》 발표 2년 뒤에 발생한 이 사건은 전 세계에 환경문제에 관한 경각심을 일깨웁니다. 1987년 유엔의 선언, 1989년 엑

손 발데스 호 사건의 후폭풍이 지구온난화에 대한 선각자들의 문제 제기와 한 물결로 합쳐져 1992년 브라질 리우데자네이루에서 유엔 환경회의를 이끌고 협약을 체결시킵니다. '리우 환경협약'은 인류 문명 차원에서 지구온난화에 대처하겠다고 결의했다는 데 의의가 있습니다. 그리고 마침내 1997년 교토의정서가 체결됩니다.

우선 지구온난화에 가장 큰 책임이 있다고 할 수 있는 미국이 이 교토의정서에 빠져 있다는 얘기부터 해야겠네요. 임계점에 관한 논란이 다시 한 번 떠오르는 대목입니다. 세계 온실가스 배출량의 4분의 1 가까이 배출하는 미국이 2001년 교토의정서에서 탈퇴합니다.

이 때문에 교토의정서는 절름발이가 됐지만 그럼에도 교토의정서의 의의는 결코 과소평가할 수 없습니다. 국경으로 갈라진 나라들이 다소 손해를 보더라도 지구를 살리겠다는 대의에 동참한 역사적인 사건이기 때문입니다.

교토의정서와 관련해서는 핵심 용어 세 가지, 즉 공동이행제도(JI), 청정개발체제(CDM), 배출권 거래(ET)를 이해해야 합니다. 교토의정서는 한마디로 2008년부터 2012년까지 온실가스 총배출량을 1990년 수준보다 평균 5.2퍼센트 감축하기로 약속한 것입니다. 이에 따라 구체적으로 온실가스를 줄이기로 약속한 38개국(나중에 미국이 탈퇴)이 의무 감축국(부속서Annex 1 국가)이 됩니다.

온실가스를 줄이려면 어떻게 해야 할까요? 먼저 발생하는 온실가스양을 측정해야겠지요. 현재 수준이 얼마인지 알아야지 줄일 수 있으니까요. 의무 감축국이라면 그 후에 여러 가지 사정을 고려해 미리

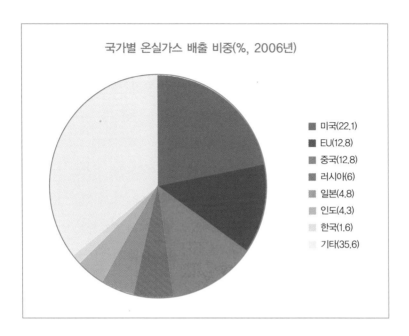

국가별 온실가스 배출 비중(%, 2006년)

- 미국(22.1)
- EU(12.8)
- 중국(12.8)
- 러시아(6)
- 일본(4.8)
- 인도(4.3)
- 한국(1.6)
- 기타(35.6)

결정한 한도 안에서 온실가스가 배출되도록 통제합니다. 확정된 한도는 연간 배출량을 지정받은 공장이 그 정도까지는 내보내도 된다고 정해놓은 것입니다. 그러나 이 공장에서 발생하는 온실가스가 그 한도를 넘으면 어떻게 해야 할까요?

마땅히 의무 감축국 안에 있는 공장이기 때문에 책임을 져야 합니다. 책임지는 방법은 간단합니다. 온실가스 발생량을 줄이도록 관련 환경 설비를 증설하면 됩니다. 설비 증설은 결국 비용 증가를 뜻합니다. 미국이 교토의정서에서 탈퇴한 이유가 바로 환경 비용 증가로 자국 산업의 경쟁력이 떨어지는 것을 걱정했기 때문이지요. 이럴 때 교토의정서는 다른 선택도 제시합니다. 자본주의의 특징인 거래 시스템을 도입해 온실가스 감축을 촉진하도록 한 것입니다. 바로 '배출권 거래(Emission Trading)'라는 제도입니다.

배출해야 하는 양보다 많이 배출해야 할 처지인 '더 많이'라는 공장과 다른 의무 감축국 내에서 환경 설비를 늘려 줄여야 하는 양보다 훨씬 많은 온실가스를 줄인 '더 적게'라는 공장이 있다고 칩시다. 교토체제는 '더 많이' 공장이 환경 설비를 증설해 온실가스를 직접 줄이거나, 더 배출한 온실가스에 해당하는 양만큼 '더 적게' 공장의 온실가스 감축분을 돈을 주고 살 수 있게 했습니다. 여기서 '더 적게' 공장이 자신의 쿼터보다 온실가스 발생량을 줄인 것을 배출권이라고 합니다. 배출권 거래는 '더 적게' 공장의 온실가스 감축 실적, 즉 배출권을 '더 많이' 공장이 사는 것을 말합니다.

'더 많이' 공장은 만일 자체적으로 환경 설비를 증설하는 게 배출권을 사오는 것보다 비싸다면 배출권을 살 것이고 싸다면 직접 환경 설비에 투자하게 될 것입니다. 물론 배출권의 가격이 어느 정도 예측 가능하고 또 계속해서 배출권 시장에 공급될 수 있어야 '더 많이' 공장이 '합리적인' 선택을 내릴 수 있을 터입니다.

교토의정서의 가장 큰 의의는 지구 공동의 위기를 해결하는 방법으로 배출권 거래를 도입한 것이 아닐까요? 자본주의가 초래한 지구 공동의 위기를 자본주의 방식으로 해결하겠다는 취지입니다. 덧붙여 배출권 거래 제도의 정상적인 작동을 위해서는 배출권의 가격과 수급 말고도 특정한 온실가스 감축을 배출권이란 상품으로 확정하는 시스템이 필요합니다. 이 기능은 유엔 산하 기구에서 수행합니다.

유엔에서 검증받는 공식적인 탄소 배출권(CER; Certified Emission Reduction) 외에도 덜 엄격한 기준이 적용되고 약간은 시민운동 성격이 가미된 자발적인 탄소 배출권(VER; Voluntary Emission Reduction)이 거래되고 있습니다. 시장 가격은 당연히 VER이 더 쌉니다. VER은 통상 지각 있는 개인들이 많이 산다고 생각하면 됩니다. 비행기를 타는 것 등으로 자신이 더 많은 탄소를 배출했다고 판단할 때 배출권을 구매하게 됩니다. 구조는 CER이나 VER이나 거의 동일한 셈입니다.

이제 공동이행제도와 청정개발체제에 대해 살펴봅시다. 공동이행제도(JI; Joint Implementation)는 의무 감축국 내에서 배출권 거래가 이뤄지도록 한 것입니다. 의무 감축국 내 어느 공장이 설비 증설이나 신기술 개발로 탄소 발생량을 줄이면 줄인 만큼 배출권을 획득해 의무 감축국 내 다른 공장에 팔고, 쿼터 이상으로 온실가스를 발생시킨 공장은 의무 감축국 내에서 다른 공장의 배출권을 사들임으로써 배출 규제를 충족시키는 구조입니다.

그렇다면 탄소 배출권은 의무 감축국, 즉 선진국끼리만 거래할 수 있는 것일까요? 선진국끼리만 거래하는 제도가 공동이행제도라면 선진국(의무 감축국)과 개발도상국이 거래할 수 있게 한 것이 청정개발체제(CDM; Clean Development Mechanism)입니다.

청정개발체제는 의무 감축국 내 어떤 공장이 온실가스 쿼터를 초과했을 때 같은 의무 감축국 내에서 배출권을 사는 대신 개발노상국의 온실가스 발생량을 줄여주고 그것으로 배출권 구매를 갈음하도록 한 제도입니다. 예를 들어 벨기에에 있는 A 공장의 온실가스 배출량이 규제량보다 10단위 초과했다고 칩시다. 원래 잘 아는 프랑스 B 공장에서 내놓은 배출권을 살 계획이었습니다. 그런데 B 공장에서·예상한 것보다 훨씬 비싼 값을 요구합니다. A 공장은 B 공장의 배출권을 사는 대신 중국의 C 공장에 가서 설비를 개선해주고 온실가스 발생량을 10단위 줄였습니다. C 공장의 온실가스 감축 또한 탄소 배출권이며 A 공장은 B 공장과 C 공장 가운데 아무 데서나 배출권을 살수 있습니다. 둘 다 공인받은 배출권이라는 전제하에 쿼터를 지킨 것으로 인정되지요.

같은 거래에 금액을 넣어 볼까요? A 공장이 온실가스 10단위를 줄이려면 설비 투자에 95만 달러가 들 것으로 추정됩니다. 그런데 B 공장에서 온실가스 10단위에 해당하는 배출권 값으로 100만 달러를 요구했습니다. A 공장은 95만 달러를 들여 환경 설비를 개선할까 하다가, C 공장의 설비를 개선해주고 10단위 온실가스에 해당하는 배출권을 얻는 데 90만 달러밖에 들지 않는다 사실을 알게 됩니다. 당연히 C 공장으로 달려갈 테죠.

교토체제는 지구온난화에 대해 분명히 진일보한 대응입니다. 그러나 지구의 온실가스 증가 수준을 원하는 정도까지 막기에는 여전히 많은 한계가 있습니다. 중국 등을 겨냥해 청정개발체제가 밑 빠진 독에 물 붓기란 자조 섞인 한탄이 나오기도 합니다. 더 정교하고 실효성 높은 시스템을 고안하기 위해 인류가 함께 지혜를 모아야 할 때입니다.

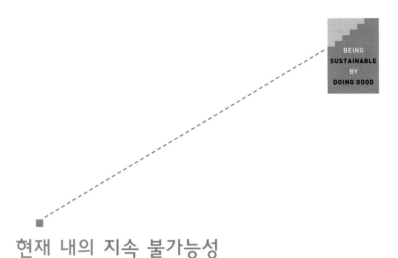

BEING
SUSTAINABLE
BY
DOING GOOD

현재 내의 지속 불가능성

앞서 언급한 여느 집안에 하나쯤은 있다는 얘기를 떠올려봅시다. 1960~70년대는 산업화와 도시화로 너나없이 농촌을 떠날 때입니다. 다들 서울에 올 때 갖고 온 것이라곤 숟가락 몇 개밖에 없습니다. 할아버지가 노름으로 전답을 다 날리지 않고 한 3분의 1만이라도 남겨서 아버지가 서울에서 자리 잡을 때 전셋돈이라도 내줬으면 덜 고생했을 텐데……. 아버지 세대의 고생은 당연히 아들 세대에도 영향을 끼칩니다. 흔히 목격하는 이 사례에서 할아버지는 무엇에 실패한 것일까요? 이 책의 주제와 관련지어 생각하면 할아버지의 행태는 '지속 불가능한 집안 운영'이었던 것입니다.

정부가 출산율을 높이기 위해 이런저런 정책을 내놓는 것을 보았을 것입니다. 인구가 줄어들면 국가의 지속 가능성이 근본부터 흔들리기 때문입니다. 애국심이 부족해서일까요? 젊은 세대는 아이를 낳지 않으려고 합니다. 왜 그럴까요? 현재와 같은 사회구조에서는 출산이 개인과 가계의 지속 가능성을 위협하기 때문입니다. 여성의 사회 참여까지 갈 필요도 없습니다. 아시다시피 대한민국에서는 자녀를 키우는 데 드는 비용이 엄청납니다. 그 비용 가운데 사교육비의 비중을 무시할 수 없습니다. 부모 될 사람들이 가진 자원은 한정돼 있고 자녀 양육 비용은 계속해서 올라가니 자녀를 적게 낳을 수밖에요. 결국 국가의 지속 가능성과 가계·개인의 지속 가능성이 부딪히는 상황이 빚어진 셈입니다. 따라서 저출산 문제를 해결하려면 국가의 지속 가능성 차원에서가 아니라 가계·개인의 지속 가능성 차원에서 접근해야 합니다.

'차원의 변경' 또는 '차원의 병합'은 지속 가능 발전의 개념 자체에 이미 포함돼 있습니다. 적정하게 개발한다는 말은 유한한 자원을 세대 간에 사이좋게 나눠 가져야 한다는 얘기입니다. 할아버지가 자신의 욕망을 채우기 위해 가산을 탕진하는 대신 아들과 손자 세대를 위해 재산 일부를 보전해주는 방식입니다. 그러나 개인 또는 가계의 단독적인 지속 가능성 추구가 온전한 지속 가능성이 될 수는 없습니다. 예를 들어 할아버지가 마을 지주로 노름도 하지 않고 악착같이 돈을 모아 후대에 물려줬다고 칩시다. 아들과 손자에게 더 많은 재산을 남겨주기 위해 소작인을 최대한 착취했습니다. 그러면 당장은 아들과 손자에게 남겨줄 재산이 더 많아지겠지만, 분노한 소작인들이 폭동을 일으켜 가옥을 불태우고 논밭을 폐허로 만들지 모릅니다.

온실가스도 좋은 예죠. 많은 나라에서 나름대로 애쓰며 온실가스를 줄이고 있지만 교토의정서에서 탈퇴한 미국이 끝까지 온실가스 감축에 미온적인 태도를 보일 뿐만 아니라 마구잡이로 배출한다고 칩시다. 지구의 미래가 안전할 수 있을까요?

지속 가능 발전은 세대 간의 문제, 즉 통시적인 문제와 함께 세대 내의 문제, 즉 공시적인 문제의 해결을 촉구하면서 핵심 과제로 빈곤에 적극적으로 대처해달라고 주문합니다. 이른바 남북문제가 지속 가능성의 현안이 된 것입니다. 북부의 잘사는 나라들과 남부의 못사는 나라들은 각자 해결해야 할 문제가 있습니다.

우선 잘 사는 나라 사람들의 문제에 대해서는 어느 정도 논의가 진행되고 있습니다. 교토의정서의 의무 감축국이란 표현이 상징적입니다. 그러나 내부의 불균형은 남북 차이만큼은 아니지만 여전히 존재합니다. 정치인에서 환경 전도사로 변신한 앨 고어(Al Gore) 전 미국 부통령은 존경받는 인물이지만 동시에 거대 저택에 살면서 너무 많은 탄소를 배출한다는 힐난을 받기도 합니다. 고어와 에티오피아 난민 캠프에 사는 사람의 1인당 온실가스 배출량을 비교하면 그 격차가 어마어마할 것입니다. 한국인의 1인당 온실가스 배출량과 비교해도 마찬가지입니다. 그러나 이 문제에 대해서는 지지부진하긴 해도 함께 대처할 방안이 모색되고 있고, 고어의 사례 역시 어느 정도는 지엽적인 문제 제기일 수 있습니다.

더 본질적인 문제는 못사는 나라에서 생깁니다. 저개발 국가는 탐욕과 편의를 위해서가 아니라 생존을 위해 몸부림칩니다. 그러다보니 결국 지구온난화를 악화하는 데 일조하게 됩니다. 아프리카의 적잖은 나라들에서 아주 기초적인 생존 문제를 해결한다는 것이 난개발이란 문제를 일으킵니다. 난개발은 새로운 가난을 불러올 뿐입니다. 가난의 연장과 난개발의 연쇄는 지구 환경을 인위적으로 오염시키죠. 지구의 허파 아마존 밀림도 무분별한 개발에 계속 줄어들고 있는 실정입니다.

봄이면 우리나라를 괴롭히는 황사의 근본 원인인 중국의 사막화에도 같은 논리가 적용됩니다. 중국의 사막화는 엄청난 속도로 진전돼 대략 중국 국토의 3분의 1이 사막으로 바뀌었습니다. 사막화라고 해서 숲이 갑자기 사막으로 바뀌는 건 아닙니다. 초원이 사막으로 바뀌는 것이죠. 사막화가 진행 중인 지역은 과거 몽골 등 소수민족 사람들이 유목하던 곳입니다. 그 지역에서 농경이 발달하지 않고 유목이 뿌리내린 데는 다 이유가 있습니다. 강수량과 지력 등을 감당할 수 있는 방식, 즉 삶을 지속할 수 있는 방식이 유목이었던 것입니다.

중국 정부는 식량 증산과 정치적인 이유로 한족을 초원 지대로 보내 땅을 개간하고 농사 짓게 했습니다. 이주한 한족들은 초원을 갈아 밭을 만들었습니다. 농작물을 키웠고 한동안 식량을 수확할 수 있었습니다. 그러나 곧 심각한 후유증이 발생합니다. 농경지로 개간하면서 풀이 사라지자 바닥에 있던 흙이 드러난 것이지요. 초원일 때는 풀이 땅을 붙잡고 있습니다. 땅을 붙들고 있는 데 그치지 않고 수분이 증발하는 것도 막아주었지요. 그러나 개간으로 맨살을 드러낸 땅은 바람에 속수무책으로 흙을 빼앗깁니다. 초원이었던 곳이 밭이 됐다가 점차 바람에 흙을 약탈당해 나중에는 모래만 남습니다. 사막이 된 것입니다. 우리나라에 황사가 심해진 근본적인 이유는 바로 이 같은 인간의 무지 때문이었습니다. 모래는 무거워서 편서풍에 실려 한반도까지 오지 못합니다. 황사를 일으키는 물질은 사막 지대에서 하늘로 떠오를 만큼 매우 가벼운 흙입니다.

그렇다면 당장 초원에서 농사를 짓던 사람은 어떻게 해야 할까요? 이주해서 농사를 지으려고 했으나 초원이 사막으로 바뀌면 당장 먹을 게 없어집니다. 모래땅에선 가축이 뜯어먹을 풀이 자라지 않으니 이제는 목축도 할 수 없습니다. 이들은 또 다른 초원을 개간해 농사를 지을 수밖에 없고 이어 그 땅도 겨울 동안 바람에 흙먼지로 날아갑니다. 풀들이 잡고 있던 물도 사라집니다. 중국의 사막화는 저개발 국가들에서 단지 생존을 위해 무모하게 벌인 개발이 어떻게 지구 생태계를 파괴하는지를 보여주는 전형적인 사례입니다.

이 때문에 《우리 공동의 미래》에서는 특별히 빈곤 문제에 대한 대처를 강조하고 있습니다.

"지구는 하나지만 세계는 그렇지 않다. 우리는 모두 한 생물권에 의존해 삶을 영위하고 있다. 그런데 각 공동체와 국가는 상대방에게 미치는 영향은 거의 고려하지 않은 채 자신만의 생존과 번영을 누리려고 애쓰고 있다. 일부 국가들은 후세에 거의 아무것도 남겨줄 수 없을 정도로 지구의 사원을 소비하고 있다. 하지만 이보다 훨씬 많은 나라는 제대로 필요한 자원을 소비할 수 없어서 굶주림, 불결함, 질병 그리고 요절(夭折)에 시달리고 있다.

......

　또한 우리는 다음과 같은 희망의 근거를 발견했다. 사람들은 과거보다 훨씬 더 번영하고, 더 정의롭고 안전한 미래를 건설하기 위해 협력할 수 있으며, 지구가 보유하고 있는 자원의 기반을 유지하고 확대하는 정책을 기초로 한 새로운 경제성장의 시기가 도래할 수 있고, 지난 세기에는 몇몇 지역에서만 이루어질 수 있었던 진보가 앞으로는 모든 지역에서 이루어질 수 있으리라는 희망의 근거를 말이다. 하지만 그렇게 되려면 현재 우리가 직면하고 있는 압박의 징후를 제대로 이해하고, 원인을 찾아내 환경 자원을 관리하며 인류의 발전을 지속할 수 있는 새로운 접근법을 설계해야만 한다."

　　　　　　　　　　　　　－ 세계환경발전위원회, 《우리 공동의 미래》

기업은 애초에 '지속 가능'을 전제한다. 모든 기업이 '계속

기업'을 상정하기 때문이다. 이때 의미 있는 계속기업을 만들려는 노

력이 지속 가능 경영이다. 계속기업에서 의미를 빼면 돈밖에 모르는 천한 조직

으로 전락한다. '개같이 벌어서 정승같이 써라'란 말은 틀렸다. 개같이 벌면 개밖에 안

된다. 어쩌면 멀지 않아 개같이 벌려고 하면 아예 벌지 못하는 시대가 올지 모른다. 나아가 개같이

쓰려고 해도 정승같이 벌어야 하는 시대가 올지 모른다. 그런 시대에 지속 가능 경영은 의미를 창출하는 데

그치지 않고 생존을 담보케 할 것이다. 지구(Planet) · 사람(People) · 이윤(Profit)의 3P를 경영의 현안으로

균형 있게 추구하는 발상의 전환이 지속 가능 경영이다. 경제 · 환경 · 사회의 세 가지 성과를 동시에 구현하

는 TBL은 기업을 다른 방식으로 바라보려는 지속 가능 경영학이다.

chapter 2

착한 변화는 기업을 춤추게 한다

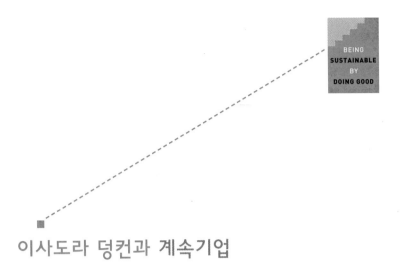

BEING
SUSTAINABLE
BY
DOING GOOD

이사도라 덩컨과 계속기업

이사도라 덩컨(Isadora Duncan). 모르긴 몰라도 무용가를 한 명 들라고 하면 사람들 입에서 가장 먼저 튀어나올 만한 사람입니다. 사람들은 그녀를 현대무용의 출발점이라고 합니다. 덩컨은 삶뿐만 아니라 죽음으로도 유명합니다. 정확하게는 죽는 방식이겠죠. 쉰 살 때인 1927년 사람들 입에 두고두고 오르내릴 죽음을 맞이합니다.

덩컨이 베니스에서 우울한 말년을 보내고 있을 때였습니다. 살던 집에서 쫓겨나 언제 거리에서 잠을 자야 할지 모를 정도로 곤궁한 형편에 몰려 있었습니다. 덩컨은 문란한 사생활로 악명이 높았습니다. 자유로운 영혼에 따라디니는 자유분방한 연애. 덩컨은 끊임없이 사랑에 빠졌습니다. 아무리 힘든 상황에 부닥쳐도 남자를 찾았습니다. 죽기 직전 심각한 곤경에 처했을 때도 덩컨은 새로운 로맨스를 막 만들려던 참이었습니다. 사실 세기의 무용가 이사도라 덩컨의 마지막을 함께한 남자는 별 볼품없는 남자였습니다. 단지 덩컨보다 20년 이상 나이가 어리다는 정도가 눈에 띈다고 할까요.

어린 남자와 데이트를 즐기기 위해 덩컨은 한껏 멋을 내고 집을 나섭니다. 그날 목에 두르고 나온 게 그 유명한 스카프입니다. 말이 스카프지 거의 담요만 했습니다. 친구에게 선물 받은 그 스카프를 목에 두른 채 지붕 없는 차에 오릅니다. 아주 우아하고 멋지게 차에 탔겠죠. 스카프 때문에 더 멋지게 보였을지도 모릅니다. 조수석에 앉은 덩컨은 스카프의 한쪽 끝이 차 밖으로 기다랗게 늘어져 있다는 걸 몰랐나 봅니다. 멀리서 보면 바퀴 밑에서 구렁이가 튀어나와 덩컨의 목을 감고 있는 것처럼 보였을 겁니다. 차가 출발하자 스카프가 바퀴에 말려들어갔고 순식간에 목이 졸린 덩컨은 어찌할 도리 없이 즉사했습니다. 질식 정도가 아니라 아예 머리가 몸에서 떨어졌습니다. 현대무용의 시조이자 수많은 명사와 염문을 뿌린 팜 파탈의 허망한 죽음이었습니다.

애덤 스미스(Adam Smith)는 덩컨 못지않게 유명한 사람입니다. 사생활은 자유분방한 덩컨과 정반대였으나 자기 분야에 남긴 명성은 덩컨에 뒤지지 않습니다. 덩컨이 현대무용의 창시자라면 스미스는 경제학의 아버지로 통합니다. 그가 1776년 《국부론》을 발표할 시점에 가격은 거래에서 가장 중요한 변수였을 것입니다. 따라서 가장 중요한 경쟁력은 가격 경쟁력이고, 그다음으로 중요한 경쟁력은 품질 경쟁력이었지요. 같은 제품을 더 싸게 공급하는 것과 같은 값에 더 품질 좋은 제품을 공급하는 것은 지금까지도 유효한 시장 원칙입니다. 윤리 경영이라는 말까지 나오려면 스미스가 죽고도 오랜 시간이 흘러야 합니다. 덩컨이 살던 시대에도 윤리 경영은 통용되는 경제 용어가 아니었습니다. '가격이 싸고 품질 좋은 상품을 시장에 공급해 경쟁자들을 압도하면서도 그 과정이 비윤리적이어서는 안 된다'는 소망을 품은 기업가들이 의미 있는 숫자를 형성한 건 그리 오래된 일이 아닙니다. 어쨌든 그런 소망을 오랜 기간 꾸준히 실천에 옮기면 그 기업에 명성이 쌓이게 됩니다. 그런 기업은 가격이 '착해서', 그 기업의 제품은 믿을 수 있어서, 그 기업은 제품을 포함해 일하는 사람들과 기업 자체까지 믿을 수 있어서 등으로 명성의 수준이 달라질 것입니다.

이것은 기업의 명성에 관한 얘기입니다. 예술가의 명성은 또 다른 얘기입니다. 덩컨은 윤리적이지 않았고 경제관념이 엉망이었죠. 예술가로서 또 무용가로서 자부심이 강했기 때문에 군이 갖다 붙이면 (무용의) 품질 경영에는 충실했다고 할 수 있습니다. 그럼에도 만일 덩컨이 기업이었다면 명성을 남기는 데는 실패했을 겁니다.

기업의 명성은 개인의 명성과는 근본적으로 다릅니다. 경영학 수업에서 기업은 대체로 '수익을 창출하는 조직'이라고 정의됩니다. 수익을 창출하는 조직이라고만 의미를 한정한다면 논란이 일겠지만, 수익 창출이란 말 자체가 틀린 건 아니라고 봅니다. 물론 다른 정의들도 따라붙겠지만요.

수익 창출과 관련해 기업은 한 번 수익을 내고 마는 조직이 아니라 계속해서 수익을 내는 조직이어야 합니다. 회계에서 기업과 관련해 중요하게 다루는 개념 중 하나가 '계속기업(going concern)' 입니다. 감사에 나선 회계사는 해당 기업을 계속기업이라고 상정하고 감사를 진행합니다. 뚜렷한 목적, 목적을 실행할 조직, 적절한 운영 시스템 그리고 수익을 계속 창출할 수 있는 구조를 갖췄다는 전제를 충족했다고 보는 셈이죠.

기업과 형태가 다른 조직에서도 계속기업이란 원칙은 적용될 수 있습니다. 비정부지구(NGO) 등 동기가 순수한 사회단체가 계속조직이 되려면 목적, 조직, 시스템 외에도 '재생산 구조(reproduction structure)'를 갖춰야 합니다. 그래야 단체가 계속 존속할 수 있겠지요 (물론 재원 조달이란 문제가 있지만 기업의 수익 창출만큼 핵심적인 사안은 아닐 것입니다).

수익을 창출하는 조직이면서 계속기업이 아닌 형태도 있습니다. 아는 사람이 개인적으로 사람들 돈을 모아 펀드를 운영한 적이 있었는데 수익률이 꽤 높았기 때문에 많은 사람이 앞다투어 돈을 맡기려고 했습니다. 그러나 그는 "한동안 외국 여행을 다녀오고 싶다" 며 원금과 이익금을 투자자들에게 돌려주고 펀드를 청산했습니다.

자본시장에서 정상적으로 판매되는 펀드라면 펀드 운영자가 갑자기 쉬고 싶다는 이유로 깨지는 일은 없겠지요. 해당 펀드 운영자가 그만두면 누군가 다른 사람이 그 일을 대신하면 되니까요. 예로 든 펀드는 계속기업이 아니라 언제든지 청산될 수 있는 프로젝트라고 보는 게 맞습니다. 계주가 야반도주해 하루아침에 깨질 수 있는 계모임이라 불러도 무방하겠습니다.

수익을 창출하기 위한 단발성 프로젝트와 계속기업이 다른 점은 또 있습니다. 특정 기준을 충족하는 계속기업은 감사를 받습니다. '주식회사 외부감사에 관한 법률(외감법)'에 따르면 사업연도 말 자산 총액이 100억 원 이상인 기업은 외부감사인을 선임해 감사를 받아야 합니다. 앞서 소개한 펀드는 외부의 감사를 받지 않습니다. 수익을 창출하는 조직을 운영하고 있지만 계속기업이 아니며 자산 100억 원이 넘는 주식회사도 아니어서 외감법 적용을 받지 않기 때문입니다.

기업과 이사도라 덩컨 사이의 공통점과 차이점은 무엇일까요? 공통점은 둘 다 계속기업이라는 사실입니다. 계속기업으로 치면 덩컨의 지속성이 훨씬 더 높다고 할 수 있습니다. 그러나 덩컨의 계속기업은 본인이 의도하지 않은 우발적인 것입니다. 덩컨은 기복이 심한 삶을 살았습니다. 죽음뿐 아니라 삶도 아주 극적이었습니다. 덩컨은 한때 많은 돈을 만지기도 했지만 결국 수중에 남아나질 않았습니다. 하루는 화려하게 또 하루는 거지처럼 살았습니다. 덩컨의 명성은 계속기업이었지만 삶은 그렇지 못했습니다. 러시안룰렛 같은 인생이었습니다.

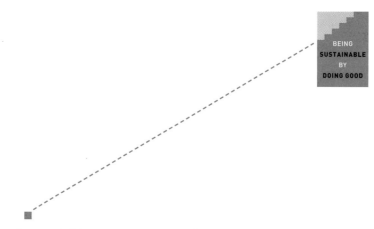

BEING
SUSTAINABLE
BY
DOING GOOD

재무 가치와 비재무 가치를
대립시키지 마라

이제 지속 가능 경영 이야기를 해봅시다. 지속 가능 경영을 흔히 재무적 가치와 비재무적 가치를 균형 있게 추구하는 것이라고 합니다. 또한 그냥 지속 가능 경영이 아니라 명성을 획득할 수 있는 지속 가능 경영이 돼야 합니다. 지속 가능 경영을 실천하는 기업이라야 명성이 따라오게 되지요. 재무 부문에 대한 관리 혹은 통제가 전혀 이뤄지지 않는 기업이 있다면 그 기업이 획득한 명성은 신기루에 지나지 않을 것입니다.

재무적 가치와 비재무적 가치를 균형 있게 추구하는 지속 가능 경영은 앞에서 논의한 지속 가능 발전의 개념을 기업에 적용한 것입니다. 현 세대의 개발이 후대의 적정 개발 역량을 침해해서는 안 된다는 지속 가능 발전의 개념은 결국 기업에는 계속기업으로 환원될 수 있는 문제지요(지속 가능 발전에서 말한 세대 내의 양극화 문제와 어떻게 연결되는지는 나중에 살펴보겠습니다).

이해를 돕기 위해 국가 경제로 돌아가서 먼저 잠재성장률 이야기를 해봅시다. 잠재성장률은 국가 등이 자본과 노동을 모두 투입했을 때 도달할 수 있는 성장 수준입니다. 물가 상승 압력을 초래하지 않고 성장할 수 있는 최대치기도 합니다. 공급 측면에서 국민소득을 파악한 것으로, 생산함수로 알려진 'Y=f(L, K)'라는 계산 식이 말하는 내용이죠(Y는 생산량, L은 노동, K는 자본을 뜻합니다).

어느 나라의 잠재성장률이 과거 7~8퍼센트였다가 4~5퍼센트로 떨어졌다고 가정해봅시다. 어떤 이유가 있을까요? 당장 노동 공급이 줄어든 상황을 생각해볼 수 있을 것입니다. 저출산이 계속돼 노동시장에 진입하는 새로운 일꾼이 줄어들었을 때입니다. 기업 처지에서는 자동화를 강화하는 것으로 이 문제에 대처하겠지만 그래도 꼭 필요한 숫자는 확보해야 합니다. 그렇지 않다면, 즉 설비가 충분해도 돌릴 사람이 없어 생산량이 줄어들 수밖에 없지요.

다른 측면에서는 일을 해 돈을 벌고 그 돈을 쓸 사람이 줄어드니 기업의 판매량도 감소합니다. 내수 감소에 대응해 수출로 기업의 활로를 모색하는 방법이 있겠지만 이때는 국외 변수에 국내 경기가 너무 좌우되므로 변동성이 커집니다. 외환위기 이후 한국 경제가 걸은 길이죠. 때로는 자본이 생산적으로 쓰이지 않기도 합니다. 예를 들어 서브프라임 사태 이후처럼 상황이 불확실해 기업들이 현금을 쥐고 투자하지 않으면 생산량이 감소합니다.

이처럼 생산 부문으로 돈이 돌지 않는 상황에서는 정부가 재정을 투입해 성장률을 끌어올릴 수 있습니다. 많이 하는 방법입니다. 반면 과열이다 싶을 때는 정부가 세금을 더 거둬들이거나 금리 인상 등으로 통화량을 줄여 시장에 유입되는 자본을 조절할 수 있습니다. 전자는 실질성장률이 잠재성장률에 미치지 못한 상황이고 후자는 실질성장률이 잠재성장률을 넘어선 상황입니다.

정부는 가능한 한 잠재성장률만큼 성장하려고 애를 씁니다. 호황은 좋은 것입니다. 그러나 한 경제권에 문제를 일으킬 만큼 과도한 성장, 즉 잠재성장률을 넘어선 호황은 지속 가능한 성장이 아닙니다.

이 같은 성장은 잠재성장률 자체를 갉아먹을 가능성이 있습니다. 과거에는 대학교에 진학할 때 체력장이란 시험을 봤습니다. 체력 검정시험인 셈인데, 꼭 이런 친구들이 있습니다. 오래달리기는 다섯 바퀴를 돌아야 하는데 출발하자마자 전력 질주하는 친구 말입니다. 순식간에 두세 바퀴를 휙 돌아버리고는 그 자리에 주저앉아버립니다. 체력장에서 점수를 잘 받으려는 의지가 별로 없는 친구들입니다.

좋은 점수를 받으려면 당연히 자신에게 맞는 속도로 꾸준히 달려 완주해야 하겠죠. 반면 너무 느리게 뛰면 완주야 하겠지만 점수를 잘 받지는 못할 것입니다. 결국 자기 신체 능력에 맞는 속도를 알고 그 속도만큼 뛰는 사람이 가장 훌륭한 선택을 한 셈입니다. 오래달리기에서 몇 등을 할지는 알 수 없지만 가장 지속 가능한 달리기를 한 점은 인정할 수 있을 것입니다.

달리기 속도를 성장률이라고 하면 거기에 가장 맞는 속도가 바로 잠재성장률입니다. 그보다 더 빠르게 혹은 더 느리게 뛰면 앞서 얘기한 문제들이 생깁니다. 그래서 정부는 성장은 '최적'으로 진행하면서 성장 기반, 달리 말하면 잠재성장률 자체를 끌어올리려고 노력합니다.

달리기에 한 번 더 비유해볼까요? 현재 어떤 사람이 가장 빨리 달리면서 그 상태를 계속 유지할 수 있는 '적정 달리기 속도'가 시속 15킬로미터라면 실제 시합에서도 시속 15킬로미터로 달려야겠지만, 평소에는 체력 훈련을 열심히 해 '적정 달리기 속도'를 시속 15킬로미터 이상으로 끌어올리려고 애쓸 것입니다.

기업도 마찬가지입니다. 한국에서 기업을 얘기하려면 이래저래 삼성을 피해 나갈 수 없는데, 어쨌든 우리나라 대표 기업인 삼성 이건희 회장이 "(10년 전에 삼성이) 구멍가게에 불과했는데 (지금 세계 정상급 기업으로 성장했지만) 언제 또 구멍가게로 전락할지 모른다"라고 걱정한 적이 있습니다. 이런 걱정은 좋은 걱정입니다. 구멍가게로 전락할지 모른다는 걱정은 지금은 구멍가게가 아니라는 뜻이니까요. 아직 세계 정상권과 거리가 멀다는 걱정보다는 떨어질지 모른다는 걱정이 낫습니다. 1등이 하는 걱정인 셈이죠.

삼성 그룹을 대표하는 삼성전자는 세계 메모리 반도체 시장을 석권하면서 다른 인접 분야로 사업을 확대했습니다. 그러던 중에 시너지 효과가 나타나 지금과 같은 규모로 도약할 수 있었습니다. 반도체, 엘시디(LCD) 등을 생산하는 산업을 장치산업이라고 하는데 삼성전자는 그 대표 기업이죠.

삼성은 1974년 한국반도체를 인수해 반도체 사업을 시작했지만 기업의 명운을 걸고 이 사업에 본격적으로 뛰어든 건 1983년 2월 고(故) 이병철 삼성 회장의 '도쿄 선언' 부터입니다. 당시 반도체 강국인 일본은 삼성의 반도체 사업 진출에 코웃음을 쳤습니다. 그러나 이후 역사가 보여주듯 현실은 일본의 예상을 완전히 뛰어넘었습니다. 지금은 삼성이 오히려 일본 기업들을 우습게 생각합니다.

삼성전자가 성공한 원인에 대해서는 여러 분석이 있습니다. 지금은 약간 고루하다는 느낌이 들지 모르겠지만 당시로써는 참신한 인재였던 진대제, 황창규 등 일류 기술자들이 애국주의로 무장해 삼성에 가세했습니다. 우리나라에서 거의 무조건 성공하는 아이템이 아마 '극일(克日)'일 것입니다. "일본한테는 못 진다"는 알 듯 말 듯한 신조(信條)에 동참한 당시 전도유망한 젊은 기술자들이 삼성에서 뜻을 모은 것입니다.

삼성 신화에서 흔히 '지배 구조'라고 번역되는 거버넌스(Governance)를 거론하지 않을 수 없습니다. 삼성 거버넌스의 핵심은 재벌과 재벌 총수입니다. 다른 재벌 그룹의 거버넌스도 비슷하지만 결과론에 입각해 해석하면 삼성은 달랐습니다. 삼성이 다르다는 의미는 삼성과 효성이 함께 동업자로 출발했다는 데서도 쉽사리 짐작할 수 있습니다. 함께 출발했지만 지금의 삼성과 효성을 같은 반열에 두기는 어려워 보입니다. 같은 재벌이라면서 규모가 크게 차이 나는 이유는 총수 부문에서 생각할 여지가 있겠습니다. 왜 이런 차이가 생겨났을까요?

이병철·이건희 부자(父子)의 돌파력과 과감한 투자 결정이 압축 성장의 핵심 요인일 수 있습니다. 이들은 특히 불황 기획을 잘했습니다. 불황 기획이야말로 중요한 키워드입니다. 기본적으로 불황일 땐 움츠리는 게 모든 기업의 속성입니다. 삼성은 반대로 불황 때 공격적으로 투자했습니다. 경쟁자들을 압도한 큰 이유입니다. 물론 앞서 가는 일본 기업들을 따라잡는 과정이 쉽지는 않았을 겁니다. 그러나 따라잡은 이후에 불황 기획을 잘하지 않았다면 압도적인 1등이 되지 못했을 겁니다. 상대가 힘들 때 그 거리를 더 벌려놓은 것이죠. 호황 조짐이 보여 일본 기업들이 투자를 재개해 삼성전자를 따라잡으려고 하면 이미 삼성은 저 멀리 달아난 뒤였습니다.

맑은 날 우산을 준비해 비가 올 때 우산을 쓰는 게 상식이며, 불황일 때 움츠리는 게 사실 합리적인 선택입니다. 다른 예로 제조업이 주력인 삼양사는 과거 국내에서 손꼽던 기업으로 결코 삼성에 밀리지 않았지만 현재 위치는 삼성과 극명한 대비를 이룹니다. 삼성의 반도체 사업 진출이 무리수일 수 있고, 불황 기획은 무모한 베팅일 수 있습니다. 그럼에도 삼성은 한국을 대표하는 기업으로 우뚝 섰습니다(물론 지속 가능 경영 관점에서 재벌식 의사 결정은 상당히 곤혹스런 논쟁거리를 제공합니다).

삼성이기에 가능했습니다. 더 정확히는 삼성의 기비넌스 때문이었죠. 총수 개인이 결단하고 강하게 밀어붙일 수 있는 의사 결정 구조와 경영 구조가 모든 재벌들에서 동일하게 나타났다면 삼성에서는 시장 선점 효과와 '총수 프리미엄'이 추가로 작용한 셈입니다. 공기업 가운데 삼성 같은 기업이 출현하지 않은 이유는 기업 자체의 성격 때문이기도 하지만 거버넌스가 다르기 때문이기도 합니다. 다만 시스템보다는 개인의 역량에 방점이 찍힌 총수 프리미엄은 어느 한순간 '총수 디스카운트'로 바뀔 수 있다는 단점이 있습니다.

재벌이 정경유착을 통해 성장했으며, 형성 과정에서 국민의 부를 정당하지 못한 방법으로 이전해 간 원죄는 지워지지 않을 것입니다. 과거에 폭압적으로 이뤄진 '부의 이전'은 역설적으로 현재 시점에서 재벌이 특정 개인의 재산이 아니라 국민의 자산임을 설명하는 근거가 됩니다. 게다가 현재 시점에서는 '점유'라는 현실 여건을 고려하지 않을 수 없습니다. 혁명을 통해 모든 것을 바로잡을 수 없다면 재벌의 점유에 일정한 정당성을 부여하면서 '국민적 통제' 또는 '국민적 간섭(intervention)'으로 보완하는 게 최선은 아니어도 차선책은 될 법합니다.

삼성 등 국내 대표적인 재벌이 세계시장에서 이렇게 승승장구한 지는 사실 얼마 되지 않았습니다. 오래지 않은 과거에 일본 도쿄에 있는 소니 본사로 취재차 출장을 갔을 때는 삼성이 막 소니와 비등비등해질 무렵이었습니다. 그때만 해도 삼성에 대한 소니의 반응은 "뭐, 어린애가 좀 쫓아왔네" 하는 정도였습니다. 하지만 지금은 처지가 뒤바뀌었습니다. 소니가 삼성을 배우려고 합니다.

최근에는 아이폰이 세계적으로 큰 바람을 일으키면서 삼성에 시련이 찾아왔다는 전망이 나오기도 했습니다. 삼성 위기론은 뒷선으로 물러났던 이건희 회장의 복귀로 이어졌습니다. 이건희 회장 퇴진과 복귀에는 여러가지 사회적·정치적 의미가 있겠지만, 분명한 사실은 삼성 내부적으로나 외부적으로나 이건희 회장이 삼성에 있는 것과 없는 것 사이에 엄청난 차이가 있다고 받아들인다는 점입니다.

그렇다면 이제 삼성의 가장 큰 경쟁 상대는 아이폰을 내놓은 애플일까요? 물론 외적인 위기가 없지 않겠지만 본질적인 위기 요인은 삼성 내부에 있다는 게 많은 사람의 판단입니다. 2008년 4월 이 회장의 퇴진을 초래한 김용철 변호사의 비자금 폭로는 삼성 내부에서 비롯한 것입니다. 이건희 회장의 존재 자체가 삼성의 발전에 의미가 크다면 역설적이게도 이 회장을 삼성에서 내몬 건 이 회장 자신이었습니다. 흥미롭게도 순환 출자를 특징으로 하는 삼성의 기업 지배 구조와 마찬가지로, 삼성의 위기 구조도 순환형이었습니다. 비자금 폭로로 이건희 회장 퇴진, 이건희 회장 부재로 위기감 증폭, 위기에 대처하기 위한 이건희 회장의 복귀로 이어졌습니다. 이건희 회장이 위기의 원인이며 해법이기도 한 재미있는 상황입니다. 물론 해법에 대해서는 강력한 반론이 적지 않습니다.

삼성전자는 매년 매출로 100조 원 이상을, 이익으로는 10조 원 이상을 내는 초우량 회사입니다. 우리나라에 삼성전자와 같은 기업이 있다는 게 매우 자랑스러운 일이 아닐 수 없습니다. 어찌 보면 기적에 가까운 일입니다. 그렇게 자랑스러운 삼성전자가 미이크로소프트(MicroSoft)나 아이비엠(IBM) 등 외국 유수 경쟁 기업들의 추격 때문이 아니라 기업 윤리 문제로 큰 위기를 맞게 된 것입니다. 안타까운 일입니다.

　이쯤에서 지속 가능 경영의 구체적인 현안들에 대해 자세히 살펴봅시다.

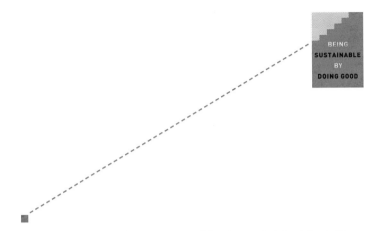

BEING
SUSTAINABLE
BY
DOING GOOD

지속 가능 경영은 경제·환경·사회 성과를 동시에 추구하는 삼발이 경영이다

국가의 지속 가능성 가운데 경제 요인에 주목한다면 국가의 지속 가능한 성장은 잠재성장률만큼 성장하는 것이라고 말할 수 있습니다. 잠재성장률만큼 성장하는 것은 경제에 무리가 가지 않습니다. 그러나 이 같은 논리는 격차를 고착화할 수 있습니다.

예를 들어 두 나라가 있다고 칩시다. 두 나라의 잠재성장률이 각각 3퍼센트, 4퍼센트라고 합시다. 잠재성장률만큼 성장하면 두 나라 사이에는 '지속 가능한' 경제력 격차가 생길 것입니다. 시간이 지날수록 차이가 더 벌어지겠지요. 너무 큰 격차가 생기면 선진국이 후발 개도국의 성장을 가로막는다는 이른바 '사다리 걷어차기'는커녕 후발국이 그 사이에 사다리를 놓는 것 자체도 어려워질 수 있습니다.

그럼 잠재성장률이 3퍼센트인 나라는 어떻게 해야 할까요? 절대 쉽지 않은 일이지만 해답은 간단합니다. 잠재성장률 자체를 끌어올려야 합니다. 다시 말하자면 잠재성장률 이상으로 성장하는 게 아니라 잠재성장률만큼 성장하면서 잠재성장률 자체를 제고해야 한다는 것입니다.

결국 앞서 언급한 대로 체질을 강화하는 것이어야 하죠. 경제 체질을 강하게 만드는 방법은 뭐가 있을까요? 지금 대한민국과 같은 상황이라면 출산 정책을 들여다봐야 합니다. 현재와 같은 저출산 추세에서는 장차 노동력 부족이 큰 문제가 될 테니까요. 아니면 동남아시아나 언어 장벽이 없는 중국 동북 3성에서 노동력을 받아들이는 것도 한 방법입니다. 이미 그렇게 하고 있습니다. 1960년대에는 우리나라 젊은이들이 독일에 간호사나 광부로 수출된 적이 있습니다. 독일에는 광산이 있고, 채굴 기계가 있지만 석탄 뒤집어쓰고 일할 노동자가 없었던 것입니다. 지금은 상황이 반대로 된 셈입니다. 많은 가정에서 마음 놓고 아이들을 낳을 수 있는 환경만 조성된다면 우리 사회의 고질적 문제들은 상당 부분 해결된 것이라 해도 무방하겠습니다. 사회 문제와 관련해 출산율은 광부들의 가스 중독 위험을 경고해주는 '탄광 속의 카나리아' 로 비유될 수 있기 때문입니다.

잠재성장률을 높이는 또 다른 방법은 자본을 확충하는 것입니다. 박정희 정권 초기에는 한일협정을 맺으면서 일본 자금을 끌어들였고, 아무런 명분 없는 제국주의 전쟁인 베트남전에 참전하면서 우리 젊은이들이 피를 흘린 대가로 미국한테서 돈을 챙길 수 있었습니다.

비유해 말하자면 당시 한국은 신장 팔아 사업 자금을 마련할 수밖에 없을 만큼 찢어지게 가난한 청년이었습니다. 이른바 원시 자본 축적 단계를 거치지 않은 제3세계 신생국이 처음 세운 경제 발전 전략은 막무가내일 수밖에 없었습니다. 폭력적으로라도 원시적 축적을 달성하지 않으면 '지속 가능한 가난'에서 헤어나지 못하게 됩니다. 박정희 정권 시절의 "우리도 한번 잘살아보자"는 구호의 이면에는 "미래 세대를 위해 우리가 희생하자"라는 뜻이 담겨 있었습니다(지나고 보니 '우리'가 '우리'가 아니었다는 데서 오늘날까지 이어지는 갈등이 배태됐습니다).

기술혁신 또한 잠재성장률을 높일 수 있습니다. 국민소득을 끌어올리는 데 노동과 자본 외에 '총요소생산성'이란 것이 기여합니다. 총요소생산성 가운데 대표적인 항목이 기술혁신입니다. 예를 들어 100미터 달리기에서의 혁신은 앉아서 스타트하는 것이죠. 주행능력 자체를 끌어올린 것은 아니지만 성과, 즉 기록 경신을 가능케 했으니까요. 혁신은 다양하게 때로는 쉬운 방법으로 접근할 수 있습니다.

기술혁신이 매우 중요하기는 하지만 그 유효성은 제한적이라는 반론이 있습니다. 금융 기법 가운데 '차익 거래'라는 것이 있습니다. 정보 등의 격차로 예컨대 뉴욕 시장보다 싱가포르 시장에서 특정 금융 상품이 일시적으로 더 쌀 수 있습니다. 싱가포르에서 사서 뉴욕에 팔면 그 차이만큼 이익을 챙길 수 있다는 얘기죠. 문제는 차이가 빨리 해소된다는 데 있습니다.

역사를 살펴봐도 마찬가지입니다. 히타이트 문명이 철기 문명을 앞세워 근동의 패자(覇者)가 됐지만 오래지 않아 철기라는 혁신은 거의 모든 지역으로 퍼집니다. '혁신 차익'이 사라진 셈인데요, 혁신이 중요하기는 하지만 역사, 특히 경제 산업사에서는 첫 혁신자보다 혁신을 수용한 '흉내쟁이'들이 과실을 가져간 사례가 허다했습니다. 혁신만으로는 끝까지 우위를 지켜낼 수 없다는 뜻이겠죠.

어느 정도 이상으로 성숙한 경제권에서는 자본시장을 키우는 전략을 구사합니다. 개발 연대에 공장을 짓기 위해 돈을 들여오는 것과는 다른 방법이죠. 자본시장을 잘 관리해 외국에서 많은 돈을 끌어들여 돌게 하는 것으로 국가 발전 전략을 택한 대표적인 나라가 미국입니다. 그리고 이 전략을 극단적으로 밀어붙인 나라는 아이슬란드입니다.

자본시장이 드나드는 문턱을 아예 없애 한때 새로운 국가 발전 모델로 국내에서도 칭송받았던 아이슬란드는 서브프라임 사태 이후 거대한 역풍에 직면했습니다. 어쨌든 외국에서 자본이 많이 들어오기는 했는데 이게 변심한 애인처럼 금세 싸늘해질 수 있다는 점을 간과했지요. 위기가 시작되자 말 그대로 썰물 빠지듯 자본이 유출됐습니다. 저수지처럼 어느 정도는 고여 있어서 저수량과 유량을 조절할 수 있는 안정된 돈이 아니었습니다. 즉 아이슬란드에 몰렸던 돈은 핫머니(hot money)였던 것이죠. 그 돈이 반대로 쿨머니(cool money)였다면 그렇게 심각한 역풍을 맞지는 않았을 겁니다.

투기성 자본이라고 번역되는 핫머니와 반대로 쿨머니는 '좋은 돈', '착한 돈'입니다. 전략적 관점에서 장기 투자를 하니, 위기라고 해도 쉽게 떠날 것처럼 보이지는 않습니다. 사실 돈이 착하다고 하니까 '착하게 살자'라고 적힌 조폭 문신이 생각납니다만 그래도 사악한 조폭보다는 착한 조폭이 낫겠죠.

'핫머니와 쿨머니'라는 이항대립은 세계화가 많이 진전되면서 더욱 중요한 문제가 됐습니다. 환율의 변동성도 심해지고 있고 지금처럼 긴밀하게 통합된 세계경제 체제하에서는 특정 국가가 체질 강화로 잠재성장률을 끌어올려 지속 성장을 모색하는 게 자의만으로 되지 않을 때가 많습니다. 자국의 통제 범위를 벗어나 세계 금융시장에서 세계적인 규모로 일어나곤 하는 변동성의 격랑 때문입니다.

국가가 부국강병의 길을 걸을 때 어려움을 겪는 것과 아주 같은 맥락은 아니지만 기업 또한 새로운 어려움에 처해 있습니다. 좋은 제품을 만들어 경쟁력 있는 가격에 팔아 소비자 효용을 높이고 시장점유율을 높여 더 많은 수익을 올리는 것이 전통적으로 기업이 해야 할 일이었습니다. 그러나 지금은 그 이상을 해야 합니다. 대표적인 재무제표에 속하는 손익계산서를 살펴보면서 이 논의를 더 진행해봅시다. 간단하게 개념을 중심으로 정리한 손익계산서의 구조는 다음과 같습니다.

매출에서 원가와 필요한 인건비 등을 지출하고 남는 게 영업이익(Operating Profit)입니다. 여기에다 은행에 내는 이자 등(영업 외 비용)을 빼고 보유한 타사 주식에서 받은 배당 등의 수익을 더한 게 경상이익(Ordinary Profit)입니다. 간단하게 영업이익에다 금융 관련 수익과 비용을 고려한 게 경상이익입니다. 영어 'Ordinary Profit'에서 알 수 있

● 손익계산서

매출(A)

(−) 매출원가(B)

매출 총이익

(−) 판매관리비(C)

영업이익(Operating Profit; D)

(+) 영업외수익
(−) 영업외비용

경상이익(Ordinary Profit; E)

(+) 특별이익
(−) 특별손실
(−) 세금(법인세)

순이익(Net Profit; F)

듯이 일반적으로 기업 이익을 말할 때 떠올리는 항목이라고 할 수 있습니다.

경상이익, 즉 통상의 이익에서 납세의 의무를 다하고 남은 돈이 순이익입니다. 물론 경상이익(E)에서 순이익(F)으로 이어지기 위해서는 특별이익을 더하고 특별손실을 빼야 하는데, 용어에서 알 수 있듯이 통상적이지 않고 그 사업연도에만 일어나는 특별한 손익이어서 중요도는 떨어진다고 할 수 있습니다. 이를테면 소송을 당해 배상하게 됐을 때를 떠올리면 되겠습니다.

이제 지속 가능 경영에서 반드시 짚고 넘어가는 나이키(Nike) 사례를 거론할 대목입니다. 1997년 11월 나이키가 미국 언론에 대서특필되었는데 내용은 좋지 않은 것이었습니다. 나이키가 베트남 공장에서 아동노동을 쓰고 있다는 사실을 콥워치(CorpWatch)라는 미국 비정부기구가 적발해 언론에 제보한 것이었습니다. 나이키는 과거에도 파키스탄 공장에서 어린이를 부리다 문제를 일으킨 적이 있었습니다. 언론 보도가 나가자 나이키 주가가 폭락했습니다. 이후 나이키는 개선을 약속하고 이행 과정을 언론과 시민사회에 공개하는 절차를 거치는데 결과적으로는 전화위복이었습니다. 그러나 당시 나이키의 기업 이미지 실추나 주가 폭락으로 생긴 피해는 심각한 수준이었습니다.

이제 손익계산서를 통해 나이키의 지속 가능 경영에 대해 살펴봅시다. 전통적인 제조업에서 경영자는 비용을 줄이고 품질은 높이는 데 역점을 둡니다. 비용 절감과 품질 향상은 절대 선이었습니다. 그런 관점에서 본다면 베트남에서든 어디에서든 인건비를 줄이는 행위(손익계산서상 C 항목)는 합목적적입니다. 노동비용을 줄이면 상품 가격을 낮춰 시장 지배력을 높이거나 순이익을 높일 수 있습니다.

찰스 디킨스(Charles Dickens)의 소설 《올리버 트위스트》에 나오는 것처럼, 사실 자본주의가 생긴 이래로 아동노동은 오랫동안 이어져 왔습니다. 지금이야 미국이 제3세계 아동노동 착취를 비난할 수 있게 됐지만 20세기 전반부만 해도 아동노동에 관한 한 미국이라고 해서 사정이 크게 다르지 않았습니다. 현재도 많은 나라에서 여전히 어린이들이 저임금을 받으며 과도한 노동에 시달리고 있는 실정입니다. 《올리버 트위스트》는 옛이야기가 아닙니다. 더구나 소설과 달리 현실에서는 거의 해피엔드가 아닙니다.

이 문제를 회계적 관점에서 따져봅시다. 나이키 베트남 공장의 아동노동은 손익계산서상 C 항목의 지출이 줄어드는 것으로 나타납니다. 따라서 영업이익, 경상이익, 순이익에 모두 긍정적인 영향을 줍니다.

자본시장에서 주가에 영향을 주는 여러 가지 요인 가운데 대표적인 게 실적입니다. 실적은 매출(A)과 순이익(F)으로 요약됩니다. 손익 계산서상 매출은 맨 윗줄에 있어 '톱 라인(Top-Line)'이라고 하고 순이익은 맨 아랫줄에 있어 '보텀 라인(Bottom-Line)'이라 합니다. 기업을 평가할 때 매출과 이익은 모두 중요하지만 요즘은 과거와 비교하면 보텀 라인을 중시하는 추세입니다. 순이익을 많이 내면 일단 그 기업은 좋은 기업 또는 애널리스트들이 말하는 '(주식) 매수 추천' 할 만한 기업이라고 볼 수 있습니다.

　신문 경제면에 가장 빈번하게 등장하는 증권 용어 두 개를 꼽아볼까요? 주당순이익(EPS)과 주가수익배율(PER)이 있습니다. EPS는 순이익을 주식 수로 나눈 것입니다. 분모인 주식 수는 잘 변하지 않으니 분자인 순이익을 많이 내면 EPS가 올라가겠죠. 전년보다 EPS가 높아졌거나 혹은 동종 경쟁업체보다 EPS가 높다면 이른바 '어닝 시즌(earning season)'의 좋은 성과에 조응해 더 높은 주가를 기록할 가능성이 커집니다. PER는 주가를 이익으로 나눈 것입니다. 주가가 같다면 이익 증가는 PER 하락으로 이어집니다. 예를 들어 PER가 스무 배였는데, 이익이 크게 늘어 PER가 열 배로 떨어졌다면 대체로 주가가 저평가된 것으로 봅니다. 이런 평가가 확산해 주가가 상승하면, 즉 분자가 커지면 PER가 종전 수준으로 수렴하게 됩니다. 어쨌거나 EPS, PER 모두 이익과 관련을 맺는 지표입니다.

　나이키 사례로 돌아갑시다. 단순 논리로는 아동노동으로 노동비용(C)이 줄어 순이익(F)에 플러스 효과를 일으키면 주가가 상승해야 합니다. 그러나 반대 효과가 나타났습니다. 같은 사례로 의류 기업

갭(GAP)도 인도 공장의 아동노동 문제로 비슷한 곤경에 처한 적이 있습니다. 이 같은 현상을 어떻게 해석해야 할까요? 순이익이 주가를 결정짓는 핵심 요인이 아니라고 말하면 편하긴 하지만 무책임해 보입니다. 순이익이 중요한 지표지만 그 크기와 함께 구현하는 방법 또한 중요하다고 말하면 무난해 보일 겁니다. 그러나 이 표현은 어쩐지 경제학보다는 다른 학문에 속한 것처럼 느껴집니다.

주가는 계속기업인 기업의 가치를 시장에서 평가해 드러낸 것입니다. 그래서 주가가 높은 기업은 일반적으로 계속기업일 가능성이 크다고 보는 것이고 지속 가능성도 크다고 받아들입니다. 타이레놀 사례에서 이런 설명이 관철됩니다. 1982년 미국 시카고 지역에서 독극물이 투입된 타이레놀을 먹고 여섯 명이 숨지자 제조사인 존슨앤드존슨(Johnson & Johnson)은 엄청난 손해를 무릅쓰고 전면 리콜을 단행합니다. 미국 식품의약청(FDA)에서 권고한 수준을 훨씬 넘어서는 대응 조처를 한 것입니다. 타이레놀 사례는 사실 지속 가능 경영 쪽 사례라기보다는 마케팅 쪽 사례입니다. 교과서에는 위기관리의 모범 사례로 거론될 정도입니다.

전혀 뜻밖의 사태로 존슨앤드존슨이 입은 손실은 엄청났지만 소비자들이 존슨앤드존슨의 정면돌파에 감동하면서 오히려 명성이 크게 올라갑니다. 하지만 존슨앤드존슨과 나이키 간에는 작은 차이가 목격됩니다. 여러 가지를 거론할 수 있겠지만 '상품화' 시점을 기준으로 실냉할 수 있습니다. 타이레놀의 경우는 타이레놀 자체의 문제가 아니라 상품이 만들어진 이후의 문제였습니다(제품에 하자가 있는 것이 아니라 누군가가 제품에 독극물을 넣은 것입니다). 시장이 반응하는 전통적인 범위 안에 있었던 것입니다. 그래서 더 마케팅 쪽 사례에 속합니다. 타이레놀은 크게 보아 제품 하자를 일으켰고, 존슨앤드존슨 경영진은 상품을 전면 회수하는 파격적인 처방을 선택했습니다. 결과적으로 이 선택은 소비자 신뢰를 높이는 전화위복으로 이어집니다.

그러나 나이키 사태는 상품화 이전의 문제입니다. 타이레놀은 완제품이 시장으로 나가는 과정에 문제가 생긴 것이지만, 나이키는 공장으로 재료를 들여와 완제품을 만드는 과정에서 문제가 발생한 것입니다. 공급망관리(SCM; Supply Chain Management) 측면에서 사고가 발생했다고 볼 수도 있겠지요(지속 가능 경영이 확산하면서 SCM의 범위 또한 넓어지고 있습니다).

SCM은 예나 지금이나 경영의 핵심 주제에 포함되지만, 지속 가능 경영 관점과 지속 가능 경영 개념이 도입되기 이전의 관점 사이에는 큰 차이가 존재합니다. 즉 품질과 가격 그리고 안정적인 공급이란 전통적 고려 사항 외에 추가로 들여다볼 게 생긴 것입니다.

주가와 연관 지어 얘기를 진전시켜봅시다. 기본적으로 주가는 실적에 연동합니다. 시장에서 주가가 형성되는 기존 방식은 매출, 이익 등 실적에 반응하는 것이었습니다. 상품화 이후가 자본시장의 주된 관심 영역이었다는 의미입니다. 많이 팔아서 이익을 많이 남기면 그만이었던 것이지요. 그러나 나이키 사례에서는 '상품화 이전'이 주가를 흔들었습니다.

간단하게 얘기해서 나이키는 아동노동으로 비용을 줄이고 결과적으로 이익을 늘렸지만 주가는 정반대로 움직였습니다. 그렇다면 주가와 실적은 특별한 상관관계가 없을까요? 이 문제를 해결하기 위해 등장한 것이 **트리플 보텀 라인**(TBL; Triple Bottom Line)입니다. 보텀 라인은 손익계산서의 맨 아랫줄에 있는 순이익을 말합니다. TBL은 '세 가지 순이익(또는 성과)'으로 번역될 수 있습니다. 그동안 통용된 보텀 라인은 세 가지 보텀 라인 가운데 하나였지만 이제 기업의 실적은 세 가지 보텀 라인을 종합해서 산출해야 한다는 견해입니다. 기존 보텀 라인은 짐작하듯 경제적 보텀 라인입니다. 나머지 둘은 환경적 보텀 라인과 사회적 보텀 라인입니다.

TBL(Triple Bottom Line)

기업 등의 성과를 종합해 파악하는 방법 또는 철학을 의미한다. 종합적인 성과 그 자체를 의미하기도 한다. 여기서 종합적이란 말은 경제적 성과뿐만 아니라 환경 성과, 사회 성과를 포함해 경제 · 환경 · 사회 성과를 동시에 본다는 의미다. 이때 보텀 라인은 손익계산서(Income Statement)상의 톱 라인, 즉 매출(Sales)과 대비를 이루는 용어로 손익계산서상의 맨 아랫줄, 즉 순이익(net profit)을 말한다. 통상 '성과'라고 부른다.

TBL 또는 3BL은 3P(people, planet, profit), 3E(equity, ecology, economy)라고도 한다. 조직 · 단체 · 지역 등의 성과 측정에서 재무 성과와 비재무 성과를 함께 측정하는 태도다.

단순히 성과 측정 방법을 넘어서 조직을 바라보는 철학이란 말의 의

미는 그동안 기업들이 외부화한 비용을 내부화해야 한다는 발상의 전환을 담고 있기 때문이다. TBL 기준은 주로 사회적 회계나 공공 회계에 적합하다고 볼 수 있으며, 이러한 맥락에서 기업이 본래 '사회적 기관'으로서 성격을 회복한다면 충분히 기업회계기준으로도 기능할 가능성이 있다. TBL은 전부원가회계(full cost accounting)나 전부원가가격책정(full cost pricing)과 연결된다. 외부화한 비용을 내부화(그럼으로써 외부효과를 제거)하고, 더불어 이 과정에서 불가피하게 일어난 이익의 부당한 내부화를 되돌려 이익을 외부화하게 된다.

이 용어는 '서스테인어빌리티(Sustainability)'의 설립자로 사회적 기업도 명성이 높은 존 엘킹턴(John Elkington)이 1997년 발간한 《포크를 든 야만인(Cannibals with Forks: the Triple Bottom Line of 21st Century Business)》이라는 책에서 처음 제안되었다.

경제·환경·사회의 세 가지 성과, 즉 TBL을 중시하는 경영이 TBL 경영 혹은 지속 가능 경영이라고 말할 수 있습니다. TBL로 나이키 사태를 재해석해보겠습니다. 아동노동으로 나이키가 경제적 보텀 라인(순이익)에서 100단위 흑자를 기록했다고 가정합니다. 그리고 편의상 아동노동이 비용 절감으로 경제적 보텀 라인의 흑자에 기여한 규모를 50단위라고 합시다. 또 그동안 측정하지 않았던 가상의 사회적 손익계산서를 작성해 사회적 보텀 라인을 측정하니 110단위 적자라고 가정합니다. 언론 보도로 주가가 하락했지만 그 이전에 보도 자체로 이 사실이 알려짐으로써 나이키에 쏟아진 사회적 비난이 사

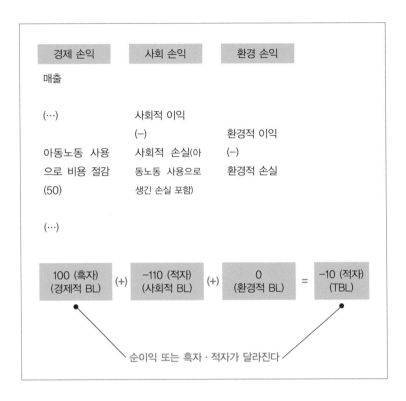

경제 손익   사회 손익   환경 손익

매출

(…)   사회적 이익
                 (−)   환경적 이익
아동노동 사용   사회적 손실(아   (−)
으로 비용 절감   동노동 사용으로   환경적 손실
(50)   생긴 손실 포함)

(…)

100 (흑자)   (+)   −110 (적자)   (+)   0   =   −10 (적자)
(경제적 BL)   (사회적 BL)   (환경적 BL)   (TBL)

순이익 또는 흑자 · 적자가 달라진다

회적 성과를 측정하는 간접 지표일 수 있습니다. 환경적 보텀 라인은 흑자나 적자가 발생하지 않은 걸로 합니다.

이때 나이키의 실적은 기존 잣대로는 100단위 흑자이기 때문에 주가 하락을 논리적으로 설명할 수 없습니다. 명성에 치명적 타격을 입어 향후 매출과 이익이 감소할 것으로 예상되기 때문에 미래 손익이 현 시점의 주가에 반영됐다고 설명하는 방법이 있기는 합니다. 경제적 보텀 라인 하나만으로 주가와 성과 간의 관계를 분석하려는 시도인 셈이죠. 현재의 비재무적 손익이 미래의 재무적 손익에 영향을 끼칠 것이고, 그렇게 예상할 수 있는 미래의 추가적인 재무적 손익을 현재 가치로 환산해 최종적인 경제적 보텀 라인을 계산해내는 것도 의미있는 시도라고 할 수 있습니다.

반면 TBL 틀에서는 현재의 비재무적 손익을 현재의 재무적 손익과 합산해 재무·비재무 통합 손익을 제시합니다. 나이키 사례에 TBL을 적용하면 10단위 적자이기 때문에 주가는 내려가는 게 정상입니다.

BEING
SUSTAINABLE
BY
DOING GOOD

신자유주의의 대부인 미국 경제학자 밀턴 프리드먼의 "기업의 사회적 책임이 이윤 추구"라는 선언은 오래전에 빛을 잃었다. 기업은 더 이상 이윤만을 추구하는 조직이 아니다. 기업은 "이윤을 추구하는 사회적 조직"이다. 따라서 기업의 주인이 주주라는 논리 또한 거센 도전에 직면해 있다. 주주는 주인이 아니라 여러 이해관계자 가운데 하나일 뿐이다. 물론 주주는 기업의 많은 이해관계자 가운데 매우 중요하고 핵심적인 위상을 갖는 이해관계자이긴 하지만, 그렇다고 기업의 유일한 주인은 아니다. 주주들이 활보하는 자본시장은 기업을 숫자로 바꾸어버렸다. 숫자는 기업의 역동성을 갉아먹고 기업 내부 사람들의 사고를 고착시킨다. 이제 사회는 기업에 숫자 너머의 실체를 파악하라고 요구한다. 기업은 주주 혹은 숫자로 환원되지 않는 풍성한 삶의 결을 품고 있다.

chapter 3

착한 이윤 추구는 리스크에 강하다

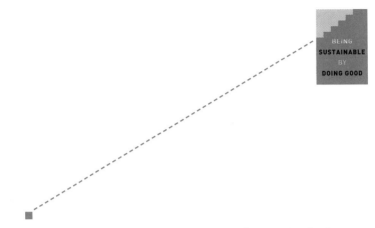

BEiNG
SUSTAINABLE
BY
DOING GOOD

'이윤을 추구하는 사회적 기관'인 기업의
주주 권리와 사회 보고

기업 성과, 나아가 기업 실체의 계량화는 경영학의 오랜 숙제입니다. 기업의 이해관계자가 많아지면서 현 시점의 '기업'이 숫자로 표현되기를 사회적으로 갈망합니다. 이런 바람이 제도로 갖춰져 기업 회계기준으로 정착했습니다. 세계화의 진척으로 우리나라 기업들은 미국 회계기준, 즉 갭(GAAP; Generally Accepted Accounting Principle)도 참고했는데, 요즘은 아이에프알에스(IFRS; International Financial Reporting Standards)라는 국제 회계기준을 받아들이는 추세입니다.

기업회계의 발전 과정에서 기업주와 기업을 분리하는 것은 기업을 제대로 파악하기 위해 꼭 필요한 단계였습니다. 이에 따라 기업에 법인이라는 별도 인격을 부여해 사람과 마찬가지로 권리주체가 될 수 있게 했습니다. 흔히 주식회사의 형태를 취하는 기업 외에 재단법인, 사단법인 같은 곳도 법인입니다.

오래전 이야기기는 하지만, 이런 구분이 있기 전에는 사장이 회사 돈과 자기 돈을 구별하지 않고 썼습니다. 요즘도 가끔 중소기업 사장이 바람을 피우면서 회사 돈으로 애인에게 명품 가방을 사주는 등 올바르게 처신하지 못해 문제를 일으키곤 하죠. 옛날이었다면 이 사례에서 제기된 핵심적인 문제는 하나, 즉 외도만이 문제가 됐을 것입니다. 외도가 드러났을 때 사장님은 아내 등 다른 사람들과 어떤 식으로든 '평화적'으로 해결하느라 곤욕을 치르겠죠. 지금이라면 문제가 하나 더 늘어납니다. 이 사장님이 회사 돈, 즉 다른 권리주체들의 돈을 마음대로 써버려 그들의 이익을 침해한 것이죠. 다른 사람의 돈을 몰래 가져다 쓰면 처벌받듯이 법인 돈을 암암리에 사용했으니 이 또한 사법처리의 대상이 됩니다. 외도는 때에 따라 용서받을 수 있지만, 회사 돈을 개인 돈처럼 쓴 행위는 처벌을 면키 어렵습니다.

회계장부는 엄격한 기준에 따라 적정하게 작성해야 합니다. 그렇지 않으면 정도에 따라 상응하는 제재를 받습니다. 나아가 이제 기업 회계에도 (더불어 법인 회계에도) 꽤 근본적인 변화가 초래될지 모르겠습니다.

서브프라임 사태가 터지기 이전부터 미국에서는 기업 최고경영자(CEO)에게 부여하는 스톡옵션(stock option)을 두고 적잖은 논란이 있었습니다. 주식매수 선택권이라 번역되는 스톡옵션은 파생금융상품인 옵션의 하나입니다. 옵션은 권리입니다. 스톡옵션은 한국어 표현에 '매수'가 들어 있는 점에서 짐작하듯 주식을 살 수 있는 권리, 즉 콜 옵션에 해당합니다.

스톡옵션에는 권리를 받는 시점이 있고, 권리 행사가 가능해지는 시점과 실제로 권리를 행사하는 시점이 각각 따로 있습니다. 예를 들어 (주)홍길동의 CEO로 취임한 김 아무개가 주당 500원에 1백만 주를 살 수 있는 권리, 즉 스톡옵션을 2011년 1월 1일 받았다고 합시다. 그리고 권리 행사는 2014년 1월 1일부터 할 수 있습니다. 스톡옵션을 받았을 때 (주)홍길동의 주가는 500원이었다고 가정하고, 김 아무개 사장이 스톡옵션을 통해 확보한 3년 뒤 주식매수 청구 가격은 1,000원입니다.

스톡옵션의 바탕에 깔린 논리는 3년 동안 열심히 일하면 주가가 오를 것이고, 주가 상승은 주주는 물론 CEO에게도 이익이 되니 CEO가 더 열심히 일하게 돼 '윈윈'이라는 것입니다. 이 예에서 CEO가 이 정도면 잘했다고 판단할 수 있는 기준이 되는 주가수익률이 100퍼센트고, 김 사장의 스톡옵션 이익은 주가의 1,000원을 초과분에다 1백만을 곱한 것입니다.

짚고 넘어갈 점은 스톡옵션을 뒷받침하는 논리가 주주 중심주의에 근거했다는 사실입니다. 기업의 주인은 주주며, 따라서 주주 가치를 높여준다는 측면에서 주가 상승은 기업 경영의 절대 선이라는 주장입니다.

주주 중심주의를 극단으로 밀고 나가면 기업의 실체와 그 기업의 주가 사이에 괴리가 발생할 수도 있습니다. 자본시장에서는 기업 가치의 축적이 곧 주가 상승의 견인차 역할을 한다는 사실을 신봉하지만 주가가 항상 기업 가치의 향상을 반영하지는 않습니다. '기업 가치=주가' 라면 워런 버핏이 특별히 주목받을 이유도, 가치주란 용어가 따로 생겨날 이유도 없습니다.

재무 상태표(대차대조표)에서 자산(A)은 '부채(L)+자기자본(E)'과 일치합니다. 기업공개(IPO) 시점을 기준으로 봤을 때 기업의 자산은 여전히 'L+E'에 대응하지만, 자산의 크기는 자본시장이 이 기업의 자산을 어떻게 평가하느냐에 따라 달라집니다. 이 대목에서 자본잉여금이란 개념에 주목할 필요가 있습니다. 액면가 500원짜리 주식의 공모가가 2,000원에 결정됐다고 칩시다. 이때 공모가에서 액면가 500원을 뺀 1,500원이 자본잉여금입니다. 전체 액면가가 5억 원인데, 공모한 총액이 20억 원이 됐다면 20억 원 모두 자기자본으로 분류되지만 특별히 15억 원이 재무 상태표에서 자본잉여금으로 기록됩니다. 자본잉여금 15억 원은 기업을 가게로 쳤을 때 권리금이라고 생각하면 됩니다.

사실 공모는 기업의 주인이 바뀌는 것으로도 이해될 수 있습니다. 물론 현실에서는 그렇지 않지만 말입니다. 부채(L)를 내준 은행은 해

● 기업의 자산과 부채

자산(A)	부채(L)	
	자기자본(E)	자본금
자산+		자본잉여금

당 기업이 원리금을 잘 갚는 한 이 기업의 자산에 어떤 권리도 없습니다. 또 빚이란 게 상환해버리면 없어지는 것입니다. 극단적으로 무차입 경영을 한다면 자산(A)은 자기자본(E)뿐일 테죠. 반면 주식은 주주의 의사에 반해 (기업이나 또 다른 주주가) 되사올 수 없습니다. 주식회사에서는 어떤 묘수를 써도 'E'를 없앨 수 없습니다(내용상으로 자산이 부채뿐인 기업, 즉 자본 잠식 상태로 빚만 남아 있는 기업이 적지 않습니다만 그래도 'E'를 원천적으로 떨어낼 수는 없습니다).

IPO 시점을 기준으로 자본잉여금의 발생은 기업의 주인이 주주라는 주장을 뒷받침한다고 볼 수 있습니다. 자산 가치를 시장가격으로 재평가해, 그 차액이 주가에 더해지기 때문입니다. 즉 적어도 IPO 시점에 자본시장에서 주식을 사들인 주주는 기업의 가치에 상응하는 돈을 낸 것입니다. 기업 자산의 정당한 주인이라고 주장할 수 있어 보입니다.

그러나 기업이 계속기업으로 영업을 지속하면서 이 논리는 도전받게 됩니다. 자본잉여금과 비슷한 이름인 이익잉여금이 있기 때문입니다. 이익잉여금이 생기려면 영업 활동으로 이익이 발생해야 합니다. 원가, 인건비, 이자 비용, 세금 등을 내고 남은 기업의 이익 중에서 다시 주주들에게 주는 배당금을 빼고 남은 돈이 이익잉여금입니다. 원래 손익계산서상 맨 아랫줄에 있는 이익의 일부분인 이익잉여금은 재무 상태표의 자기자본 쪽으로 이사 가게 됩니다. 이사 또는 꽂히는 행위를 영어로는 'plug-in'이라고 합니다.

영업 활동을 해 기업의 이익이 창출되면 주주는 주가 상승과 배당

자산(A)	부채(L)	
	자본금	
자산+	자기자본(E)	자본잉여금
자산++		이익잉여금

이익을 누리게 됩니다. 주가 상승과 배당은 직접적으로는 기업에 플러스 요인이 아닙니다. 주가 상승의 직접적 수혜자는 주주입니다. 최초의 기업공개 시점이 아니므로 자본잉여금으로 회사 내에 쌓이지 않는 까닭에 주가 상승은 주주에게만 차익을 안겨주지 기업에 돈이 흘러들어오게 하지는 않습니다. 게다가 순익이 발생했을 때 일부를 주주들에게 배당하는 것도 기업 자산의 외부 유출입니다. 흥미로운 점은 기업이 이익을 만들어내는 제반 활동에 주주는 특별히 기여하지 않는다는 사실입니다. 물론 주주의 대리인이 경영을 책임지고 감시하지만 직접적으로 주주가 가치 산출에 기여하는 바는 없습니다. 기업의 유무형 자산을 움직여 가치를 만들어내는 사람들은 경영진과 노동자, 협력업체 등이지요.

가치를 산출해 기업 이익이 발생하고 그중 일부를 배당하고 남은 금액이 이익잉여금이란 이름을 달고 자기자본 쪽으로 이동합니다. 재무제표상으로는 손익계산서와 재무 상태표가 연결되는 지점이죠. 이익잉여금의 등장은 자산의 증가로 이어집니다. 재무 상태표에서 우변의 증가는 좌변의 증가로 이어져야 합니다.

계속기업으로 '계속' 이익잉여금이 쌓여 기업 자산이 증가했을 때도 여전히 기존 주주들이 기업의 주인일까요? 주주들이 꾸준히 주가 상승 차익을 누리고 배당 이익을 챙겨가고도 그들의 투자 리스크에 대한 보상을 계속기업이 계속되지 않을 때까지 인정해야 할까요? 그동안 기업이 이익을 창출하는 과정에 마땅히 지급해야 할 많은 환경, 사회 비용을 치르지 않았다는 사실까지 고려하면 계속기업의 주인으로 최초 시점의 주주가 끝까지 기득권을 행사하는 데는 적잖은 논란이 있어 보입니다.

주주 권리를 인정하지 말자는 뜻이 아닙니다. 적어도 어느 정도는 기업을 둘러싼 다른 많은 이해관계자와 권리 · 이익을 공유해야 마땅하지 않을까요? 가치 창출이든, 권리든, 주주 이외의 다른 이해관계자들의 적극적인 역할을 인정하는 것이 또 다른 지속 가능 경영의 출발점입니다. 이 문제는 다음에 더 구체적으로 알아보겠습니다.

다시 스톡옵션으로 돌아가면 스톡옵션은 이익잉여금과 달리 자산을 감소시킵니다. 한국 기업회계기준에서는 부여 시점부터 스톡옵션을 비용으로 처리하는데, 부여 시점부터 효력이 발생하는 시점까지입니다. 앞서 (주)홍길동의 CEO 김 아무개를 예로 들자면 3년에 걸쳐 비용으로 차감됩니다. 매년 3분의 1씩 비용으로 처리한다면 스톡옵션 규모가 커질수록 이익을 줄이는 쪽으로 기능하기 때문에 CEO가 이익을 내기 위해서는 스톡옵션이 존재하지 않을 때보다 더 노력해야 합니다. 어떻게 보면 합리적인 제약인 셈이죠.

반면 스톡옵션의 천국 미국에서는 과거에 스톡옵션을 발생 시점의 비용으로 처리하지 않았습니다. CEO에게 천문학적 금액을 스톡옵션으로 부여하는 나라에서, 부여 시점에 스톡옵션을 비용 처리하지 않는다는 점에 대해 논란이 있었습니다. 기준이 되는 시점과 기업 규모에 따라 달라지기는 하지만 CEO 보수가 종업원 임금의 수백 배에 이르는 나라가 바로 미국입니다.

스톡옵션의 발생 시점에 비용으로 잡지 않게 되면 한국의 예와 반대로 이익이 부풀려집니다. 이익이 부풀려지면 스톡옵션 행사 시점까지는 주가가 실제보다 높게 유지될 가능성이 큽니다. 물론 스톡옵션 행사 시점에는 당연히 비용으로 잡아야 하니 주가가 낮아지겠지요. 하긴 스톡옵션 정도로는 주가에 큰 영향을 주지 못할 수도 있습니다. 그럼에도 발생주의 원칙을 준수하는 기업회계에서 스톡옵션에 대해 현금주의 원칙을 취한 건 온당하지 않다는 비판은 유효합니다. CEO의 도덕성과 관련한 원칙에 대한 문제이겠죠. 이 때문에 현재 미국 회계기준인 GAAP에서도 국제 기준에 맞춰 스톡옵션을 발생 시점의 비용으로 처리하고 있습니다.

이와 같은 투명하고 공정한 회계 처리가 시사하는 바는 회계 정보가 기업의 실체를 제대로 전달해야 한다는 원칙에 근거해 있습니다. 여기서 회계 정보는 주로 재무제표란 양식으로 표현되는 재무 정보입니다. 자본시장의 요구에 따른 재무 보고지요. 우리는 앞에서 지속 가능 경영이란 기업의 재무적 성과와 비재무적 성과를 동시에 높이는 것임을 알게 되었습니다. 지속 가능 경영을 염두에 둔 기업이라면 이미 보고하고 있는 재무 성과에 더해 비재무 성과도 보고해야 하는 것이 아닐까요?

비재무 성과의 공개는 스톡옵션의 적정한 비용화 이상으로 중요한 사안입니다. 비재무 성과는 살펴본 대로 환경과 사회 성과입니다. 비재무 성과를 기업의 여러 이해관계자에게 전달하는 일을 사회 보고(social reporting)라고 합니다. 재무 보고에 관한 기준은 이미 정교하게 정착돼 있습니다. 비재무 보고, 즉 사회 보고 기준은 서서히 정립되는 단계입니다.

여러 가지 기준들 가운데 GRI 기준(G3)이 사회 보고, 즉 지속 보고서 작성에 관한 국제 기준으로 통용되고 있습니다. 기업에 따라서는 재무 보고와 비재무 보고를 동시에 발표하기도 합니다. GRI는 '글로벌 리포팅 이니셔티브(Global Reporting Initiative)의 머리글자를 딴 것으로, 미국 보스턴의 비정부기구인 세리즈(CERES, 환경에 책임을 지는 경제를 위한 연합)와 국제연합 환경계획(UNEP) 등이 중심이 되어 1997년에 설립한 기구입니다. 이곳에서 사회 보고, 즉 지속 가능 보고서, 기업 시민 보고서, 사회책임 보고서 등을 작성하는 기준을 만들어 세계에 널리 전하고 있습니다.

다음은 GRI 기준의 주제들을 요약한 표입니다.

● GRI 주제 요약표

분야	세부 분야	번호	구분 핵심	구분 부가	지표 내용
경제	경제 성과	EC 1	✔		직접적인 경제적 가치의 창출과 배분
		2	✔		기후변화의 재무적 영향과 사업 활동에 대한 위험과 기회
		3	✔		연금 지원 범위
		4	✔		정부 보조금 수혜 실적

경제	시장 지위	5		✔	주요 사업장의 현지 법정 최저임금 대비 신입 사원 임금 비율
		6	✔		주요 사업장의 현지 구매 정책, 관행 및 비율
		7	✔		주요 사업장의 현지인 우선 채용 절차 및 현지 출신 고위 관리자 비율
	간접 경제 효과	8	✔		공익을 우선한 인프라 투자 및 서비스 지원 활동과 효과
		9		✔	간접적인 경제적 파급효과에 대한 이해 및 설명
환경	원료	EN 1	✔		중량 또는 부피 기준 원료 사용량
		2	✔		재생 원료 사용 비율
	에너지	3	✔		1차 에너지원별 직접 에너지 소비량
		4	✔		1차 에너지원별 간접 에너지 소비량
		5		✔	절약 및 효율성 개선으로 절감한 에너지량
		6		✔	에너지 효율적이거나 재생 가능 에너지 기반 제품/서비스 공급 노력 및 해당 사업을 통한 에너지 감축량
		7		✔	간접 에너지 절약 사업 및 성과
	용수	8	✔		공급원별 총 취수량
		9		✔	취수로부터 큰 영향을 받는 용수 공급원
		10		✔	재사용 및 재활용된 용수 총량 및 비율
	생물 다양성	11	✔		보호 구역 및 생물 다양성 가치가 높은 구역 또는 주변 지역에 소유, 임대, 관리하고 있는 토지의 위치 및 크기
		12	✔		보호 구역 및 생물 다양성 가치가 높은 구역에서의 활동, 제품, 서비스가 생물 다양성에 미치는 영향
		13		✔	보호 또는 복원된 서식지
		14		✔	생물 다양성 관리 전략, 현행 조치 및 향후 계획
		15		✔	사업 영향 지역 내에 서식하고 있는 국제자연보호연맹 지정 멸종 위기 종과 국가 지정 멸종 위기 종의 수 및 멸종 위험도
	대기 배출물 폐수 및 폐기물	16	✔		직·간접 온실가스 총 배출량
		17	✔		기타 간접 온실가스 배출량
		18		✔	온실가스 감축 사업 및 성과
		19	✔		오존층 파괴 물질 배출량
		20	✔		NOx, SOx 및 기타 주요 대기오염물질 배출량

환경	대기 배출물 폐수 및 폐기물	21	✔		최종 배출지별 총 폐수 배출량 및 수질
		22	✔		형태 및 처리 방법별 폐기물 배출량
		23	✔		중대한 유해 물질 유출 건수 및 유출량
		24		✔	바젤협약 부속서 I, II, III, VIII에 규정된 폐기물의 운송/반입/반출/처리량 및 해외로 반출될 폐기물의 비율
		25		✔	보고 조직의 폐수 배출로 인해 영향을 받는 수역 및 관련 서식지의 명칭, 규모, 보호 상태 및 생물 다양성 가치
	제품 및 서비스	26	✔		제품 및 서비스의 환경 영향 저감 활동과 성과
		27	✔		판매된 제품 및 관련 포장재의 재생 비율
	법규 준수	28	✔		환경 법규 위반으로 부과된 벌금액 및 비금전적 제재 건수
	운송	29		✔	제품 및 원자재 운송과 임직원 이동의 중대한 환경 영향
	전체	30		✔	환경보호 지출 및 투자 총액
사회	노동 여건 및 관행	고용	LA 1	✔		고용 유형, 고용 계약 및 지역별 인력 현황
			2	✔		직원 이직 건수의 비율
			3		✔	임시직 또는 시간제 직원에게는 제공하지 않고 상근직 직원에게만 제공하는 혜택
		노사 관계	4	✔		단체교섭 적용 대상 직원 비율
			5	✔		중요한 사업 변동사항에 대한 최소 통보 기간
		직장 보건 및 안전	6		✔	노사 공동 보건안전위원회가 대표하는 직원 비율
			7	✔		부상, 직업병, 손실 일수, 결근 및 업무 관련 재해 건수
			8	✔		심각한 질병에 관해 직원 및 그 가족 그리고 지역 주민을 지원하기 위한 교육, 훈련, 상담, 예방 및 위험관리 프로그램
			9		✔	노동조합과의 정식 협약 대상인 보건 및 안전 사항
		교육 및 훈련	10	✔		직원 형태별 일인당 연평균 교육 시간
			11		✔	지속적인 고용과 퇴직 직원 지원을 위한 직무 교육 및 평생 학습 프로그램
			12		✔	정기 성과 평가 및 경력개발 실사 대상 직원의 비율
		다양성 및 평등한 사회	13	✔		이사회 및 직원의 구성 현황
			14	✔		직원 범주별 남녀 직원 간 기본급 비율

사회	인권	투자 및 조달 관행	HR 1	✔		인권 보호 조항이 포함되거나 인권 심사를 통과한 주요 투자 협약 건수 및 비율
			2	✔		주요 공급업체 및 계약업체의 인권 심사 비율
			3		✔	업무와 관련한 인권 정책 및 절차에 대한 직원 교육 시수
		차별 금지	4	✔		총 차별 건수 및 관련 조치
		결사 및 단체교섭의 자유	5	✔		결사 및 단체교섭의 자유가 심각하게 침해될 소지가 있다고 판단된 업무 분야 및 해당 권리를 보장하기 위한 조치
		아동노동	6	✔		아동노동 발생 위험이 높은 사업 분야 및 아동노동 근절을 위한 조치
		강제 노동	7	✔		강제 노동 발생 위험이 높은 사업 분야 및 강제 노동 근절을 위한 조치
		보안 관행	8		✔	업무와 관련한 인권 정책 및 절차 교육을 이수한 보안 담당자 비율
		원주민 권리	9		✔	원주민 권리 침해 건수 및 관련 조치
	사회	지역사회	SO 1	✔		업무 활동의 시작, 운영, 종료 단계에서 지역사회 영향을 평가하고 관리하는 프로그램의 특성, 범위 및 실효성
		부패	2	✔		부패 위험이 분석된 사업 단위의 수 및 비율
			3	✔		반부패 정책 및 절차에 대한 교육을 받은 직원 비율
			4	✔		부패 사건에 대한 조치
		공공 정책	5	✔		공공 정책에 대한 입장, 공공 정책 수립 및 로비 활동 참여
			6		✔	정당, 정치인 및 관련 기관에 대한 국가별 현금/현물 기부 총액
		경쟁 저해 행위	7		✔	부당 경쟁 행위 및 독점 행위에 대한 법적 조치 건수 및 그 결과
		법규 준수	8	✔		법률 및 규제 위반으로 부과된 벌금 및 비금전적 제재 건수
		고객 건강 및 안전	PR 1	✔		개선을 목적으로 제품 및 서비스의 건강 및 안전 영향을 평가한 라이프사이클상의 단계, 주요 제품 및 서비스의 해당 평가 실시 비율

사회	제품 책임	제품 및 서비스 라벨링	2	✔	제품 및 서비스의 라이프사이클상 고객의 건강과 안전영향 관련 규제 및 자발적 규칙 위반 건수
			3	✔	절차상 필요한 제품 및 서비스 정보 유형, 그러한 정보 요건에 해당되는 주요 제품 및 서비스의 비율
			4	✔	제품/서비스 정보 및 라벨링과 관련된 규제 및 자발적 규칙 위반 건수
			5	✔	고객 만족도 평가 설문 결과 등 고객 만족 관련 활동
		마케팅 커뮤니케이션	6	✔	광고, 판촉, 스폰서십 등 마케팅 커뮤니케이션과 관련된 규제, 표준 및 자발적 규칙 준수 프로그램
			7	✔	광고, 판촉, 스폰서십 등 마케팅 커뮤니케이션과 관련된 규제, 표준 및 자발적 규칙 위반 건수
		고객 개인 정보 보호	8	✔	고객 개인 정보 보호 위반 및 고객 데이터 분실과 관련하여 제기된 불만 건수
			9	✔	제품 및 서비스 공급에 관한 법률 및 규제 위반으로 부과된 벌금 액수

경제적 성과 외에 환경, 사회적 성과를 측정한다는 말은 환경, 사회적 비용 또한 파악돼야 한다는 의미입니다. 예를 들어 GRI에 포함된 아동노동 금지는 기업이 인건비와 관련해 최소 투입에 최대 산출, 즉 생산성 극대화 외에도 고려할 사항이 있음을 명시한 것입니다. 나이키나 갭 같은 다국적 기업들이 아동노동 문제로 곤욕을 치르는 광경을 세계의 기업들이 생생하게 목격했습니다. 명성을 중시하는 대형 다국적 기업으로서는 제3세계 협력업체들의 노동 관리 실태에 더욱 예민해질 수밖에 없는 상황이 됐습니다.

그러나 환경, 사회적 성과나 관련 비용을 아직 한눈에 파악하기는 쉽지 않습니다. 문제가 돌출하면 비용으로 계상할 수 있겠지만 그러기 전까지는 의욕이 있다손 치더라도 수치화하기 쉽지 않습니다. 재무회계의 여러 틀은 오랜 경험이 축적돼 만들어진 것입니다. '사회회계'는 현재 틀을 만들기 위한 경험과 자료를 축적하는 과정입니다.

예를 들어 탄소 배출권 거래로 배출권 가격이 구체적으로 제시된 상황은 온실가스와 관련한 환경 비용을 간접적으로 계량할 수 있게 해줍니다. 톤당 시세가 형성되면서 포스코가 온실가스를 배출하는 양이 구체적인 환경 비용으로 손쉽게 수치화할 수 있게 된 것이죠. '트리플 보텀 라인 회계'가 이론으로서가 아니라 현실에 서서히 실체를 갖춰가는 중인 셈입니다.

사회 보고는 총요소생산성과 연관 지어 설명될 수 있습니다. 생산함수에서 산출은 노동과 자본이란 두 가지 핵심 요소의 변화와 상관관계를 맺습니다. 그러나 같은 단위 자본과 노동을 투입했지만 산출이 다른 사례도 많습니다. 노동과 자본의 투입량만으로는 설명되지 않는 전체적인 생산성을 총요소생산성이라고 합니다.

기술이 총요소생산성을 구성하는 대표적인 항목이지만, 그 밖에도 제도, 관습, 기업 문화 등 무수히 많은 요소가 개입합니다. 예를 들어 의사소통이 활발하고 민주적인 직장 분위기가 정착된 곳과 그렇지 않은 곳은 노동과 자본의 투입량이 동일하다고 해도 산출이 다를 수 있습니다. 컨베이어 벨트를 사용해서 소품종 대량생산을 하는 포드 시스템적인 작업장과 창의적인 지식 상품을 내놓는 작업장 사이에서 획일적으로 "어떤 기업 문화가 더 생산적이다"라고 말하기는 어렵습니다. 기술, 제도, 관습, 사회적 자본, 기업 문화 등이 종합적으로 산출량에 영향을 끼치기 때문에 총요소생산성은 말하자면 '생산성 거버넌스'와 같은 개념으로 요약될 수 있겠네요.

연구에 따라서는 전체 산출에 대한 총요소생산성의 기여 비중을 50퍼센트 이상으로까지 봅니다. 노동, 자본, 혁신, 이 3자의 헤게모니 쟁탈전이 흥미롭지만 더 눈여겨봐야 할 점은 총요소생산성이 '이윤을 추구하는 사회적 기관'인 기업의 성격을 잘 설명하고 있다는 사실입니다.

총요소생산성이야말로 기업이 사회에 어떻게 빚지고 있는지 여실히 드러냅니다. 높고 효율적인 생산성을 구현하기 위해 유형·무형 생산요소들을 잘 배치하고 연결해, 즉 맞춤형 포트폴리오를 통해 '생산성 거버넌스'를 적합하게 구축한 것은 기업의 공로일 것입니다. 하지만 이때 기업이 징발한 자산의 상당 부분은 사회가 축적하고 준비한 것입니다. 어찌 보면 당연한 얘기지요. '기업이 사회에 빚지고 있다는 사실을 모르는 사람이 있느냐'는 반론이 나올 법합니다. 그렇다면 핵심은 바로 '사회에 진 빚을 기업이 갚고 있느냐'입니다. 빚졌다고 인정하는 자세 또한 진일보한 것이지만, 더 바람직한 모습은 빚을 갚으려고 노력하는 자세일 테니까요.

주주만이 기업의 주인이라고 주장할 수 있는지에 대해 자본잉여금과 이익잉여금이 문제를 제기했다면 총요소생산성은 더 나아가 사회가 기업에 상당한 지분을 갖고 있음을 시시힌다고도 볼 수 있습니다. 주주에게 재무 상태를 보고하는 것이 당연한 일이라면 주주 외의 여타 이해관계자들에게도 사회 보고를 하는 게 당연하지 않을까요?

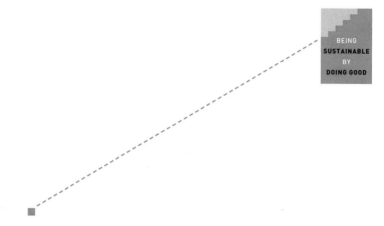

포드의 핀토, 재무 리스크보다
리스크의 재무화가 더 무섭다

지금은 생산되지 않지만 미국 자동차 회사 포드가 만든 핀토(Pinto)는 1970년대를 대표하는 소형차 모델이었습니다. 핀토는 포드가 판매한 자동차 가운데 세계 최초의 보급형 자동차인 모델 T에 버금가는 유명세를 누립니다. 그러나 그 유명세는 모델 T와 달리 명예롭지 못한 것이었습니다. 《타임(Time)》이 선정한 '사상 최악의 자동차 50' 중에 포함된 게 단적인 예죠.

1970년 출시된 핀토는 미국에서 인기 있는 소형차였지만 연료통의 안전성과 관련해 끊임없는 논란에 휩싸였습니다. 판매 가격을 2,000달러에 맞추고 무게를 줄이기 위해 연료통을 범퍼와 뒤 차축 사이에 배치한 게 문제였습니다. 이 같은 구조 때문에 추돌 사고가 생기면 연료통이 파손되면서 연료가 새어나왔고, 유출된 기름에 불이 붙어 폭발하는 사고까지 발생했습니다. 핀토는 '바비큐 시트' 라는 비아냥까지 듣게 됩니다. 결국 1981년 소송을 당합니다.

핀토가 유명해진 결정적 계기는 이른바 '핀토 메모' 라는 것 때문입니다. 재판 과정에서 옴짝달싹할 수 없는 증거가 제시됐는데, 그것이 바로 포드 내부의 비용 편익 분석 자료인 핀토 메모입니다.

포드의 비용 편익 분석에 따른 차량 안전 보강 비용은 1억 2100만 달러입니다. 예상 판매 대수를 1100만 대로 연료 탱크 보수 비용을 대당 11달러로 계산해 산출된 금액입니다. 포드는 연료 탱크를 수리하지 않았을 때 드는 비용도 계산했습니다. 과거 사고율 등에 준해 예상 사고 대수를 2,100대로 추산하고, 사망자를 180명, 중화상자를

● 핀토 비용 편익 분석

연료 탱크를 보완할 때		연료 탱크에 손대지 않고 배상할 때		
판매 대수	11,000,000	사고 발생 전망치	화재 사망(명)	180
			중화상(명)	180
			화재로 인한 차량 파괴(대)	2,100
연료 탱크 개선에 드는 대당 추가 비용	$11	단위당 비용	화재 사망(명)	$200,000
			중화상(명)	$67,000
			화재로 인한 차량 파괴(대)	$700
총비용	$121,000,000	총비용	$49,530,000	

180명으로 잡았을 때 소요액은 4953만 달러였습니다. 여기서 사고는 폭발을 의미하며, 사망 배상금으로 1인당 20만 달러, 중화상 배상금 1인당 6만 7000달러, 차량 배상금 대당 700달러로 가정했습니다. 비용 편익 분석의 결론은 출고되는 전체 차량의 연료 탱크를 수리하는 것보다 수리하지 않는 편이, 즉 결과적으로 사고를 방치하는 것이 경제적으로 낫다는 것이었습니다.

계산이 그렇게 나왔다고 하더라도 분석 결과를 경영진이 수용했다는 사실은 쉽사리 이해하기 어렵습니다. 거대 기업의 책임 있는 경영자들이 비록 타인이지만 사람의 목숨보다 돈이 더 중요하다고 공식적으로 의사 결정할 수 있었다는 사실이 말입니다.

업종 특성상 사람이 죽거나 다치는 상황을 자주 접해 인명 사고에 무감각해졌고, 그러다보니 모든 상황을 수치화해, 즉 돈으로 환산하는 사고 체계가 확립되어서일까요? 자동차라는 문명의 이기는 죽음을 일상으로 불러냈고 현대인은 매일 아침 출근하며 어제의 사망자와 부상자를 전광판에 적힌 숫자라는 형식으로 인식합니다. 포드 경영진에게 이 숫자는 경영상의 일상적인 판단에 필요한 자료일 뿐이었나봅니다. 숫자 너머에 존재하는 인간의 실체란 애써 보려고 하지 않는 한 보이지 않을 테니까요.

외부에 폭로되지 않는다는 보장만 있다면 아마도 포드 경영진과 같은 결정을 내릴 사람도 있지 않을까요?

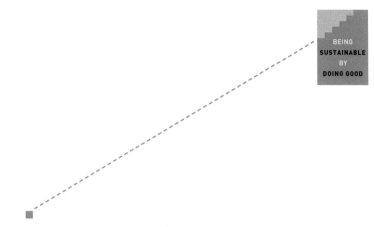

숫자 너머의 진실에 주목하기

일단 목표를 세우고 난 뒤에는 수단과 방법을 가리지 않고 목표 달성에 매진하는 '천민적 경영학' 이 핀토 사례 이후 이제 종적을 감추었을까요? 동의하지 않을 확률이 꽤 높을 것으로 예상합니다. 핀토 사건 때와 비교해 지금의 기업 환경에서는 수치와 표, 그래프로 일목요연하게 상황을 정리해 경영진에 전달하는 관행이 훨씬 더 퍼져 있기 때문입니다. 당시 포드 경영진은 비디오 게임을 통해 실전에 대비하고 실제로 이라크전에 투입돼서도 모니터를 통해 전투를 수행한 미군 전폭기 조종사와 유사하다고 할 수 있습니다.

금융 공학 등 계량화 능력의 증대는 일종의 '숫자 환원주의' 와 및 물러 경영을 포함한 사회 전반에 유체이탈과 비슷한 상태를 초래했습니다. 핀토 사례에서 극명하게 드러났듯 숫자가 의미를 대체한 셈이죠.

경영하는 사람들은 발생 가능한 모든 리스크를 최대한 파악하려고 합니다. 대처할 수 없는 상태로 리스크에 맞닥뜨리는 상황을 피하고 싶기 때문입니다. 재무 리스크는 리스크의 대표격입니다. 영업 활동을 통해 적정 (또는 최대) 수익을 창출하는 게 중요하긴 하지만 그 전제하에서 재무 계획을 잘 수립하고 실행해야만 낭패를 당하는 일이 없습니다. 자본시장이 복잡해지고 금융 기법이 다양해지면서 기업 재무 담당자의 머리는 복잡해집니다.

서브프라임 사태를 겪으면서 깨달았듯 시장 자체의 불확실성이 커지고 투기 성향이 강해지면 언젠가는 재무 리스크에 노출됩니다. 위험의 근본 원인은 물론 탐욕이긴 합니다. 대형 금융 사고의 이면에는 이런 탐욕이 존재했습니다.

금융 사고 하면 '롱 텀 캐피탈 매니지먼트(LTCM; Long-Term Capital Management)'를 빼놓을 수 없습니다. LTCM은 1994년 살로먼 브라더스(Salomon Brothers) 출신인 존 메리웨더(John Meriwether)가 설립한 미국의 헤지펀드입니다. 한때 최고 수익률을 자랑했지요. LTCM에는 '블랙-숄스' 모델로 알려진 옵션 가격 결정 공식을 개발한 노벨 경제학상 수상자 마이런 숄스(Myron Scholes) 미국 시카고대학 교수 등 쟁쟁한 인물이 버티고 있었습니다. 실제로 당시 기록적인 수익률로 가장 선망받는 펀드였습니다. 그러나 널리 알려진 대로 1998년 러시아의 모라토리엄으로, 러시아 국채에 '몰빵' 하다시피 한 LTCM은 결국 문을 닫게 됩니다.

LTCM은 헤지펀드이기 때문에 재무 리스크가 본원 리스크라고 할 수 있습니다. 라면 회사엔 라면이 재고이듯 금융 회사엔 예컨대 채권이 재고입니다. 재무가 본원적 사업 영역이 아닌 제조업이나 서비스업에서는 비재무적인 것들에서 본원 리스크가 출현할 수 있겠지요.

요체는 재무적인 리스크든 비재무적인 리스크든 리스크를 인식할 때 재무를 기본으로 삼는다는 데 있습니다. 재무를 기본으로 삼는다는 말은 모든 리스크를 숫자로 바꿔서 이해한다는 의미 이상으로 받아들여야 합니다. 그저 숫자로 집계돼 본래 의미가 소거된다는 게 더 정확한 설명이겠지요. 지속 가능 경영은 재무적인 성과와 비재무적인 성과를 동시에 추진하는 흐름입니다. 그러려면 리스크 또한 비용과 기회를 재무적으로 파악하는 것과 동시에 비재무적으로도 파악해야 합니다. 비재무적 파악은 인문적 성찰 또는 인본적 가치 같은 것으로 이해될 수 있겠습니다. 핀토 사례를 반추하면 무슨 뜻인지 쉽게 와 닿을 것입니다.

현대사회에서 가장 강력한 이해 집단으로 성장한 기업은 이제 외부효과 문제에 분명한 대답을 내어놓아야 한다. 외부효과는 기업이 본연의 경제활동을 하는 동안 예기하지 않거나 의도하지 않은 부정적 영향을 사회에 전가하는 것을 말한다. 사실 외부효과라는 용어에는 기업에 약간은 면죄부를 주는 듯한 뉘앙스가 담겨 있다. "모르고 그랬다"는 변명이다. 변명을 수용한다 해도 기업은 이제 "알고 있는 만큼" 과거처럼 불온하게 행동하면 안 된다. 외부효과는 기업이 응당 부담했어야 할 비용을 외부로 떠넘기는 행위다. 이 과정에서 불가피하게 원래 기업에 속하지 않았어야 할 이익의 일부가 부당하게 내부화하게 된다. 외부화·내부화 메커니즘을 뒤집어버리는 게 외부효과의 해소책이다. 난관은 지구촌과 국가 간의 이해가 충돌하고 기업들이 이 틈을 비집고 들어간다는 데 있다.

chapter 4

착한 경영은 패러다임의 전환이다

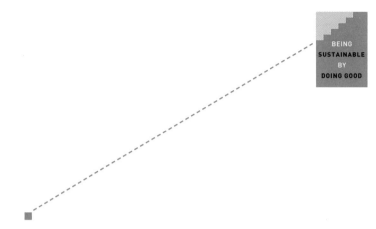

BEING
SUSTAINABLE
BY
DOING GOOD

외부효과는 내부 비용의 부당한 외부화다

이제 조금 더 본질적인 이야기로 넘어갑시다. 여기 강이 있습니다. 강 상류에는 피혁 공장이 있고, 하류에는 어촌마을이 있습니다. 대충 짐작하셨겠지만 '코즈의 정리'를 설명하기 위한 도식입니다. 피혁 공장에서는 가죽점퍼에 쓸 원단을 생산합니다. 생물에서 벗겨낸 상태의 가죽을 들여와 의류를 만들 수 있는 재료로 가공하는 곳이지요. 생가죽을 가죽 원단으로 바꾸는 과정을 흔히 무두질이라고 합니다. 이때 화학약품을 많이 씁니다.

공정에서 사용된 화학약품은 유해 물질로 100퍼센트 수거하지 않는 한 강물에 흘러들게 됩니다. 과거 피혁 공장은 나 그랬습니다. 환경 규제가 강해진 요즘에도 비가 오면 슬그머니 강물에 흘려보내는 판이니 옛날에야 오죽했을까요.

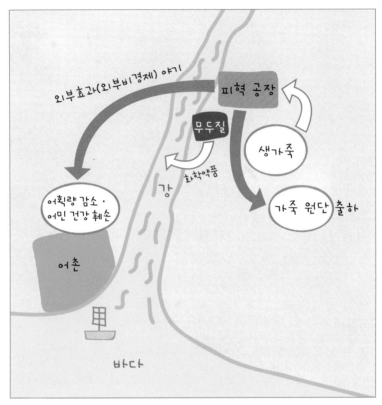

피혁 공장과 외부효과

피혁 공장이 열심히 사업을 하다보면, 즉 본연의 경제활동에 종사하면 부가가치를 창출하게 됩니다. 이에 따라 피혁 공장 주인이 돈을 벌고, 노동자들은 임금을 받고, 정부는 세금을 거둡니다. 또 국내총생산(GDP)도 올라갑니다. 한마디로 경제가 성장한 것이지요.

그런데 피혁 공장의 가동으로 의도하지 않은 피해가 강 하류 쪽에서 발생합니다. 즉 외부효과가 일어난 것이지요. 본연의 경제활동을 수행한 결과나 과정에서 예상하지 않는 곳에 혜택 또는 피해를 입히는 현상이 외부효과입니다. 이때 혜택과 비용에 대해 대가를 받거나 비용을 치르지 않습니다. 외부효과가 긍정적일 때(혜택)는 외부경제, 외부효과가 부정적일 때(피해)는 외부비경제라고 합니다. 외부효과 하면 통상 외부비경제를 뜻하는 경우가 많습니다.

외부경제의 대표 사례로는 양봉이 자주 거론됩니다. 양봉의 목적은 벌꿀을 이용해 꿀을 채집하는 것입니다. 양봉업자는 그렇게 모은 꿀을 팔아서 수익을 올립니다. 벌통을 놓은 인근 지역의 과수원과 자연 상태 초목의 수분에 기여할 의사는 전혀 없었지요. 꿀벌들이 있음으로써 과수원에 과일이 열리고 과수원 주인은 과일을 팔아 돈을 벌게 됩니다. 그러나 과수원 주인이 양봉업자에게 가루받이 비용을 지급하지는 않습니다. 왜 그런 돈까지 줘야 하느냐고 생각하시는 분이 있다면 애완견 교배할 때 드는 비용을 떠올리면 이해가 되겠지요.

외부효과 중 외부비경제에 해당하는 그림을 보시면 피혁 공장에서 가죽 원단을 만드는 과정에 화학약품을 씀으로써 강 하류 어촌에 문제가 발생합니다. 어획량이 감소하는 것은 물론이고 때로 기형 물고기가 발견됩니다. 마을 주민의 건강에도 이상이 감지됩니다. 어촌의 삶은 '이유 없이' 피폐해집니다.

어촌 사람들은 어획량 감소에 의아해하다가 마침내 피혁 공장에서 배출된 화학물질이 ㄱ 원인임을 알게 됩니다. 따라서 상 상류의 피혁 공장을 찾아가서 피해를 배상하라고 요구합니다. 피혁 공장 주인이 "잘못했다"며 이익 일부를 어촌에 할애하겠다고 동의한다면 분쟁이 즉각 평화롭게 해결되겠지만 아시다시피 세상사가 그렇게 흘러가지는 않지요. 현실에서는 합리적이고 행복한 해법이 도출되기보다는 서로 싸우게 됩니다.

싸움이 끝나려면 어떻게 해야 할까요? 누군가는 가진 걸 내어놓아야겠지요. 코즈의 정리에서는 소유권 또는 재산권이 확실하게 정해져 있고 소통에 따르는 비용이 적다면 문제가 이해 당사자 간에, 혹은 시장에서 자연스럽게 해결된다고 봅니다.

먼저 소유권에 대해 살펴볼까요? 이 사례에선 어획권이 확고한 권리로서 인정됐을 때 피혁 공장의 조업으로 어획권이 침해됐는지가 입증되어야 합니다. 만약 입증된다면 어촌은 본격적으로 배상을 요구하는 한편 피혁 공장의 조업 중단까지 요청할 수 있겠지요. 그런 사례는 드물겠지만 만일 이 강이 피혁 회사 소유라면 어촌은 서서히 망해가야 할 겁니다.

현실에서는 강이 국가 소유일 확률이 높고 어획권의 범위가 모호하며 피혁 공장의 화학물질이 어장 황폐화에 어떤 영향을 끼쳤는지 구명하기가 쉽지 않기 때문에 제시된 사례의 분규는 장기화할 가능성이 농후합니다.

윤리적인 측면을 떠나서 먼저 법률적으로 소유권이 확실하게 정해져 있고 소통 비용이 낮다면 이해 당사자들이 합의해서 외부효과 문제를 해결할 수 있다는 게 코즈의 정리입니다. 그러나 제시된 사례에서 짐작할 수 있듯 코즈의 정리를 통해서는 외부효과를 완전히 해결할 수 없습니다. 문제 해결이 아닌 분쟁의 해결입니다.

코즈의 정리는 개인이나 이해 당사자들 간의 분쟁을 조정하고 외부효과 문제를 처리하는 하나의 모델이 될 수 있지만 근본적으로는 외부비경제를 차단하지 못합니다. 외부효과를 원천적으로 차단하려면 더 이상 강에 화학약품이 유입돼서는 안 됩니다. 당사자들 사이에 맡겨놓으면 화학물질이 강물에 들어가지 않을 가능성이 떨어지지 않을 겁니다.

피혁 공장 입장에서 현재 시점으로 (미래) 배상 금액과 (예상) 조업 비용의 합계 금액이 화학약품을 배제한(또는 화학약품의 강물 유입을 완전히 차단한) 친환경 공법 도입 비용보다 더 크다면, 친환경 공법을 도입해 강의 오염을 예방할 수 있겠지요.

그러나 시장의 실패 시나리오가 해피엔드만 있는 게 아닙니다. 피혁 공장이 돈으로 문제를 해결할 수도 있죠. 기존 조업 방식을 유지하면서 어촌의 어로 자체를 포기하게 할 수 있습니다. 어촌에 적정하게 배상한 다음 다른 피혁 공장을 지어서 그곳 어민들을 직원으로 채용하면 두 이해 당사자는 서로 만족할지 모릅니다. 이때 두 이해 당사자뿐 아니라 사회 전체가 이용하는 강은 만신창이로 변하게 되겠지요. 이처럼 당사자들에게만 맡겨 놓으면 외부효과를 근원적으로 차단할 수 없습니다.

더불어 사회가 복잡해지면서 소통 비용이 생각만큼 적지 않다는 점을 고려해야 합니다. 물론 인터넷을 비롯해 다양한 소통 수단이 생기면서 소통 비용이 낮아지고 있기 때문에 코즈의 정리가 다시 주목받고 있기는 합니다. 하지만 우리 사회에서 한 가지 문제가 일대일 구조 속에서 결정되는 일은 거의 없습니다. 대부분 복수의 이해관계자들이 존재하기 때문에 관련된 모든 이해관계자의 이익을 최대한 보장하면서 합리적인 해결책을 찾기란 쉽지가 않고, 비용과 시간이 너무 많이 들어 자칫 때를 놓치게 될 가능성이 큽니다.

제기된 강 사례로 돌아가면 복수의 어촌과 복수의 피혁 공장이 있다고 가정했을 때 협상은 금세 복잡해질 것 같습니다. 각각 대표자를 뽑아서 협상하면 되겠지만 강 주변에는 어촌 말고 농촌이 있을 수 있고 피혁 공장 말고 신발 공장이 있을 수도 있습니다. 지루한 협의를 반복하고 합의에 도달하기 위해 옥신각신하는 사이 강에는 더 많은 독극물이 유입돼 물고기의 씨가 마르고 어촌은 황폐해집니다.

결국 특정 수위를 넘어서면서 강과 어촌은 죽음의 지역으로 변해버려 강 주변은 유해 물질을 방류하는 공해 유발 업체들로 가득 차게 될 겁니다. 장기적으로는 강을 다시 살려야 할 텐데 시민사회와 공공부문이 개입해 사전에 조정한 것에 비해서 비용은 더 많이 들어가게 됩니다.

보통은 정부가 많이 개입하게 되는데 흔히 보는 수단이 규제입니다. 분쟁을 유발한 쪽이 피혁 공장인 만큼 공장에다 화학물질 방류와 관련해 제재를 가합니다. 그러나 경제성장기에는 규제가 잘 동원되지 않습니다. 산업화 초기에 정부는 산업자본이 비용을 사회화(또는 외부화)하고 이익을 사유화(또는 내부화)하도록 도와줍니다. 산업자본과 연대한 국가권력은 '비용의 사회화와 이익의 사유화'에 항의하는 백성을 폭력으로 진압합니다. 제시된 사례에서는 만일 어민들이 피혁 공장 앞에 몰려가 데모라도 할라치면 경찰을 보내 강제 해산시킬 겁니다. 우리나라 산업화 과정에서 자주 목격한 모습입니다. 소위 선진국이라고 해서 다르지 않았습니다.

정부는 일단 하나를 선택합니다. 성장입니다. 피혁 공장이 지금 당장 여기서 고용을 창출하고 외국에 수출해서 달러를 벌어오는 것이 수질이나 어장 보호보다 더 중요합니다. 그러나 초창기 국가권력과 자본의 결탁은 시간이 지나면서 느슨해집니다. 정부는 불모 상태에서 산업화가 어느 정도 진행되자 이제 양쪽을 모두 보게 됩니다. 국가정책의 변화 때문일 수도 있지만 우리 수출품에 대한 외국의 환경기준이 높아졌기 때문일 수도 있습니다.

마침내 자유방임 상태에 규제가 가해집니다. 적정한 수준을 정해서 그 이상으로는 유해 물질을 공장 밖으로 내보내지 못하게 법으로 금지하는 것이지요. 법을 지키는지 확인하기 위해 담당 공무원이 가끔 현장에 나옵니다. 단속에 걸리면 벌금을 물게 되고 심하면 공장 문을 닫는 일까지 생깁니다. 이때 감독 비용이 발생합니다. 단속 공무원 조직을 유지하는 것과 개별 단속 공무원이 업자와 유착하는 못하도록 감시하는 데 드는 비용이지요.

이런저런 이유에서 규제보다는 장려금 또는 보조금을 주는 정책을 선택하기도 합니다. 예를 들어 유해 물질을 처리하는 환경 설비를 설치하는 기업에 정책 자금을 지원하거나 세금을 깎아주는 방법을 쓸 수 있습니다. 코즈의 정리에서 제시한 해법과 비교해 일견 비효율적으로 비칠 수 있겠지만 정부의 외부효과 차단 의지가 분명하다는 점은 인정할 만합니다. 시장에 맡기지 않고 정부가 개입해서 매를 들거나 당근을 주는 방법입니다. 시장의 실패를 미리 방지하자는 취지이지요.

반면 시장의 실패를 시장의 방식으로 극복하려는 시도도 있습니다. 제시된 사례에서 화학약품을 온실가스로 바꾸고 이해관계자 수를 늘리면 교토의정서 구상으로 이어집니다. 일단 규제는 존재합니다. 온실가스를 한도 이상 배출하지 못하도록 쿼터를 부여한 게 규제입니다. 그리고 온실가스 배출량을 줄이면 탄소 배출권을 인정해줍니다. 배출권을 다른 곳에 팔면 돈으로 교환할 수가 있습니다. 벌금이나 보조금은 정부에서 일방적으로 계산해서 정하지만 배출권 거래에서는 배출권 가격이 시장에서 결정되지요. 앞서 말씀드렸듯이 교토의정서는 이처럼 시장의 실패를 시장의 방식을 채택해 극복하겠다는 데에 의의가 있습니다.

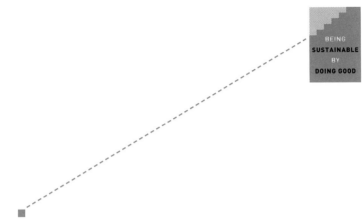

이해관계자, CSR, 지속 가능 경영, 사회책임 경영

앞서 코즈의 정리는 외부효과를 해소하는 데 크게 유효하지 않다고 얘기했습니다. 재산권과 소통 비용이라는 두 가지 전제 조건하에서 분쟁 해결에 도움이 되기도 하지만, 가치중립적인 해결은 해결이 아니기 때문입니다. 적어도 외부효과가 관련되는 한 해결은 올바른 해결이어야 합니다. 비용의 외부화라는 기업의 오랜 관행과, 사회적으로 형성된 이익을 부당하게 사유화하려는 강압적 논리를 바로잡아야 합니다.

이 논의는 기업의 주인은 누구이며, 기업이 창출하는 가치는 어디에서 오는가 하는 오랜 논쟁에 뿌리가 닿아 있습니다. 이 결말 없는 논쟁과 무관하게 이제 기업은 제품을 만드는 것 이상을 경영의 현안으로 받아들여야 한다는 현실에 직면한 것입니다. 피혁 공장의 예로 돌아가면 사장은 공장 조업에 따라 어민들과 직접 협상하든, 정부 규제를 요리조리 피하다 벌금을 내든, 정부 보조금을 받아 환경 설비를 증설하든, 아니면 공장의 이산화탄소 배출량을 줄여서 수익을 올리든, 어쨌거나 과거와 달리 본래의 경제활동인 가죽 원단을 만드는 일 외에도 신경 쓸 게 너무 많아졌습니다.

기업 경영에 많은 이해관계자를 고려하게 됐다는 의미입니다. 지금은 어떤 기업도 이해관계자에게서 자유롭지 않습니다. 여기서 이해관계자가 단순히 주주를 의미하지 않는다는 점을 다시 강조할 필요는 없겠지요. 이해관계자(Stakeholder)란 기업의 경영 활동에 영향을 끼치는 조직이나 단체, 개인을 말합니다. 나아가 적극적으로 기업의 경영 활동에 영향을 받는 조직이나 단체, 개인으로까지 확대해볼 수 있겠지요. 이해관계자 경영은 사회책임 경영을 내용 측면에서 표현한 용어입니다.

이해관계자(Stakeholder)

이해관계자라는 개념은 1963년 스탠포드 대학 내부 문건에서 처음 사용된 것으로 알려져 있으나 1980년대 들어 이해관계자를 본격적인 경영의 관심사로 끌어들여 주목받게 만든 학자는 에드워드 프리먼(R. Edward Freeman)이다.

기업 경영·기업 활동에 영향을 끼치거나 그에 영향을 받는 사람이나 단체라는 의미의 이해관계자 개념은 기업의 사회적 책임(CSR)에 중요한 의의를 갖는다. CSR이 처음에는 기업이 지는 다른 유형(윤리적·법률적)의 책임과 구별되었는지 모르지만 점차 CSR은 기업이 지는 모든 유형의 책임, 즉 기업책임(CR)으로 인식되었고 포괄적으로 해석하면 여기엔 경영 전반까지 포함된다. CR과 관련하여 책임을 주고받는 대상이 되는 집단과 개인을 이해관계자라고도 해석할 수 있겠다.

또한 사회책임(SR)을 다른 SR인 이해관계자 활동(Stakeholder Relation)으로 이해할 수도 있다. 이제 이해관계자는 기업 지배 구조, 사업 전략, CSR 등 경영 전반에서 핵심적인 고려 요소가 됐기 때문이다. 일부 한국 기업들에서는 '이해관계자 위원회'라는 소통 기구를 운영하고 있다.

이해관계자는 학자나 분류법에 따라 다양하게 나뉘나 간단하게는 핵심 이해관계자와 주변 이해관계자로 이해하면 무난하다. 대표적인 이해관계자가 노동자, 주주, 소비자, 파트너, 정부, 지역사회, 언론 등이며 기업 업종, 성격에 따라 여러 유형의 이해관계자들과 관계하게 된다. 국내에 《위대한 기업을 넘어 사랑받는 기업으로》란 책으로 인기를 얻은 라젠드라 시소디어(Rajendra Sisodia) 교수는 이 책에서 이해관계자 모델로 SPICE(Society, Partnership, Investor, Customer, Employee)를 제시한 바 있다.

한편 기업의 모든 이해관계자들을 판별하고 그중 핵심 이해관계자와 주변 이해관계자를 구분하며, 이해관계자들에 대한 전략적 거리를 측정함으로써 전체 이해관계자 지도를 그리는 활동을 특별히 이해관계자 매핑(stakeholders mapping)이라고 한다.

현재 기업의 사회적 책임과 관련해 다양한 용어가 쓰이고 있습니다. 대표적인 게 사회책임 경영과 지속 가능 경영입니다. 사회책임 경영이 이해관계자 경영으로 환원될 수 있다면 지속 가능 경영은 트리플 보텀 라인(TBL) 경영으로 불러도 무방합니다. TBL에서 짐작할 수 있듯 지속 가능 경영은 성과 중심적인 표현이고 사회책임 경영은 절차나 과정 측면의 접근입니다. 같은 내용을 다른 방식으로 설명했다고 볼 수 있습니다.

● 기업의 사회적 책임(CSR; Corporate Social Responsibility)

내용	트리플 보텀 라인(TBL) 경영	이해관계자 경영
지향	지속 가능 경영	사회책임 경영
접근 방법	성과, 결과	과정, 절차

지속 가능 경영은 설명하였듯 지속 가능 발전의 틀을 경영과 접목한 것입니다. 지속 가능 발전이든 지속 가능 경영이든 환경오염과 지구온난화에 대한 걱정을 바탕에 깔고 있습니다. 따라서 지속 가능 경영의 한 축은 환경 경영입니다. 여기에 다른 사회책임까지 포괄하면서 비재무적 성과 개념이 완성되고 재무 성과와 합쳐서 경제·환경·사회 성과를 종합한 트리플 보텀 라인이 탄생하는 것입니다.

국제표준화기구(ISO) 표준의 발전 과정도 비슷한 궤적을 그립니다. 번호 순서로 보면 ISO 9000 시리즈는 품질 규격입니다. 이어 환경 규격인 ISO 1600이 나오고 그다음이 사회책임에 관한 규약인 ISO 26000입니다. 굳이 도식화하자면 트리플 보텀 라인 중 경제적 성과

(보텀 라인)를 중시하는 입장이 ISO 9000 규격 · 주주 중심주의와 연결되고, 트리플 보텀 라인 중 환경 · 사회적 성과가 ISO 1600 · ISO 26000 및 이해관계자 접근 방법과 연결된다고 볼 수 있겠네요.

지속 가능 경영은 리스크 관리 측면에서 자생적으로 고도화한 경영 방침이라고 볼 수도 있습니다. 단기 수익과 장기 수익 간에 균형과 조화를 추구하는 태도는 지속 가능 발전의 핵심 개념입니다. 트리플 보텀 라인은 바꿔 말하면 환경적이고 사회적인 리스크를 잘 관리함으로써 경제적 성과를 해치는 일이 없어야 한다는 발상일 수 있습니다. 장기와 단기를 동시에 보면서 경제 성과를 극대화할 수 있도록 다양한 리스크에 사전적으로 대처한다는 태도를 단순화한 리스크 관리입니다.

이러한 맥락에서 지속 가능 경영은 절차와 과정, 이해관계자를 경영의 중심에 놓는 사회책임 경영과 차이가 있습니다. 사회책임 경영

● 이해관계자 중심주의 대 주주 중심주의

분류 기준	유럽 대륙 모델 (Insider System)	앵글로색슨 모델 (Outsider System)
기업의 주인	이해관계자 중심	주주 중심
지분 소유 구조	소유와 경영 집중	소유와 경영 분리
주요 통제 수단	이사회 등 회사법	주식시장 및 경영권 시장 발달
금융 시스템	은행 중심(간접 금융)	시장 중심(직접 금융)
해당 국가	유럽 대륙 국가	미국, 영국, 아일랜드 등

자료: Markus Berndt, *Global Differences in Corporate Governance Systems Theory and Implications for Reforms*, Discussion Paper No. 303, 2000. 11.

은 바라보는 관점의 변경을 의미합니다. 이를테면 기업 철학의 전환을 도모한 것이지요. 사회책임 경영이 이익과 철학을 조화하는 것과 지속 가능 경영이 단기 이익과 장기 이익의 조화를 추구하는 것은 같은 개념일 수 없습니다.

이러한 상이한 배경 때문에 지속 가능 경영이 미국적인 가치와 맥락이 닿아 있다면, 사회책임 경영은 유럽적인 가치와 연결된다고도 볼 수 있습니다. 한국 기업들이 지속 가능 경영이란 말은 좋아하면서 사회책임 경영이란 용어를 꺼리는 이유를 쉽게 짐작할 만합니다.

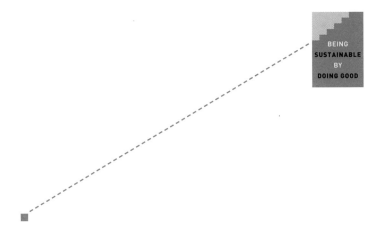

대리인 문제, 주인과 노예의 변증법

　기업은 대부분 주식회사입니다. 합자회사, 합명회사 등 다른 유형의 기업 형태는 거의 무시해도 좋을 정도로 비중이 미미합니다. 그나마 주식회사가 아닌 형태로 자주 눈에 띄는 기업이 있다면 유수 회계법인들입니다. 신입 사원으로 입사한 회계사가 경력을 쌓고 실력을 인정받으면 파트너가 됩니다. 파트너란 용어 자체에서 이미 회사 경영에 대한 영향력을 짐작게 합니다.

　반면 일반적인 회사 형태인 주식회사의 주인인 주주는 '회사의 주인'이라고는 하지만 어쩐지 옹색한 느낌입니다. 주주는 돈을 내고 회사의 주인임을 입증하는 서류인 주권을 받은 사람입니다(물론 실제로 주권을 수령하지는 않습니다). 자본시장이 활성화하면서 무수히 많은 주주를 만들어내면서 주식회사의 주인은 거의 무한대로 늘어납니다. 만인의 연인은 누구의 연인도 아니듯이 다수가 주인이면 아무도 주인이 아닌 것이나 마찬가지입니다.

사실 주주의 책임은 주권에 적힌 금액까지입니다. 유한책임을 지는 것입니다. 혜택은 배당을 받거나 주가 상승으로 차익을 누리는 것이지만 최대 손실은 회사가 망해서 보유한 주식을 날리는 것입니다. 회사가 망했을 때 통상 빚쟁이들은 회사의 설비 등 돈 될 만한 것은 모두 매각해서 물린 돈을 회수하기 마련이어서 주주가 가진 주식은 휴지가 되고 맙니다. 물론 빚잔치하고 남은 게 있으면 주주들이 나눠 갖겠지만, 드문 일이지요. 반면 유한책임인 만큼 잃어봐야 주식 쪼가리입니다(물론 요즘처럼 빚내서 주식 투자를 하도록 제도화한 세상에는 "잃어봐야 주식 쪼가리"라는 말이 씨알도 안 먹히겠지만 말입니다).

따라서 발행주식수가 많은 기업에서는 소액 지분을 보유한 일반인, 소위 '개미'는 명목상 주인은 주인이지만 굿이나 보고 떡이나 먹는 처지이며, 생각보다 지분이 크지 않은 대주주가 흔히 기업의 주인 행세를 합니다. 만인의 연인에게 재벌이라는 내연녀 또는 내연남이 있었던 것이지요.

어쨌든 회사의 주인은 주주이고, 최고의 권력기관은 주주총회입니다. 주주총회에서 이사를 선임해 이사회가 구성되면 이사가 주주의 권한을 상당 부분 대행하게 됩니다. 이사 중에는 회사 경영을 (물론 주주들로부터 위임받아) 최종적으로 책임지는 대표이사가 포함됩니다. 미국 영향을 받은 요즘 언론 용어로는 최고경영자(CEO)라고 합니다. 회사의 집행 간부들을 통솔해 일상적으로 회사를 운영하는 CEO

이면서 동시에 이사회의 대표이기도 한 것이지요. 요즘에는 최고경영자(CEO)와 이사회를 분리해 이사회를 총괄하는 이사회 의장을 따로 두기도 합니다. 사외이사까지 포함한 회사의 이사들은 주주총회의 위임을 받아서 경영상 중요한 현안의 결정에 일상적으로(주주들보다 일상적이란 뜻입니다) 참여하고, CEO가 회사의 이익을 제대로 대변하는지 감독하는 역할까지 수행해야 합니다. 그렇게 보면 사실 CEO가 이사회 의장을 겸하는 게 적절해 보이지는 않습니다.

우리나라 기업들의 거버넌스에서는 CEO와 관련한 부문이 불모의 영역이나 다름없습니다. 여러 가지 가치와 기능이 통합적으로 체현돼 작동하는 거버넌스에서, 공정성과 투명성은 핵심적인 주제입니다. 족벌적 지배와 제왕적 통치가 만연한 재벌 체제의 한계 때문이겠지만 여타 영역과 비교하면 CEO와 관련해서는 공정성과 투명성이란 가치가 아직 확립돼 있지 않습니다.

더구나 재벌 기업들에서는 설령 명목상 CEO가 이사회 의장과 분리돼 있다 할지라도 큰 의미를 부여하기 어려울 수 있습니다. 등기이사도 아닌 대주주(재벌 총수)가 이사회와 CEO를 절대적으로 지배하는 마당에 명목상 견제하는 구조를 확립했다 한들, 물론 안 한 것보다는 낫겠지만 눈 가리고 아웅하는 격이지요. 만일 대주주가 진짜 기업의 주인이라면, 법리와 무관하게 시장의 논리로 그럴 수도 있겠다 싶습니다. 백번 양보해서(법리상으로나 도덕적으로나 설대 그래서는 안 되지만) 개인 회사이니 개인이 마음대로 한대서 누가 뭐라고 하겠습니까?

하지만 대주주는 실제 기업의 주인이 아닌 가짜 주인이며, 다수를 구성하는 진짜 주인들의 동의 없이 주인 행세를 하고 있을 뿐입니다 (이러한 행태에 대한 분노가 과거 소액주주운동으로 발현하기도 했습니다).

이사회의 독립성을 높이기 위해서 도입된 사외이사 제도도 유명무실하긴 마찬가지입니다. '사외' 이사가 있다면 '사내' 이사도 있다는 말인데 사내이사들은 철저하게 CEO에 종속된 사람들입니다. 신문지상에 주기적으로 게재되는 "거수기로 전락한 사외이사들"이라는 기사는 쌍으로 묶인 사외이사가 사내이사와 별반 다르지 않다는 단적인 예시입니다.

견제, 감독, 투명성, 독립성, 공정성, 주인, 거버넌스 같은 단어가 경제계나 사회 저변에서 자주 거론되는 이유는 무엇일까요? 바로 대리인 문제 때문입니다. 대리하는 사람이 대리인인데 제대로 대리하지 않을 때 대리인 문제가 생깁니다.

지금 논의하는 대리인은 회사의 대리인인 CEO입니다. 주주들이 자신들을 대리해서 회사를 경영할 대리인을 세우는 이유는 무엇일까요? 전문 경영인이란 용어에 비추어 경영의 전문성을 기대하고 대리인을 내세운다고 해도 틀린 답은 아니겠지만, 더 본질적인 이유는 전문성보다 효율성 때문입니다. 항상 주주들이 다 모여서 의사를 결정한다면 회사 자체가 돌아가지 않겠지요. 그래서 주주들 의사를 결집해 CEO에게 회사 경영을 맡기고 정기적으로 확인을 받도록 한 것이지요.

여기서 핵심은 대리인이 주주들의 이익에 복무해야 한다는 점입니다. 그동안 쭉 문제가 되었던 것은 대리인(CEO)들이 종종 주주 이익을 대변하기보다는 대리인 자신의 이익을 추구했기 때문입니다. 미국에서 CEO의 대리인 문제와 관련해 빈번하게 거론되는 사안은 스톡옵션입니다. 앞서 살펴본 스톡옵션의 비용 처리만 문제가 되는 게 아닙니다. 스톡옵션과 관련된 더 본질적인 문제는 대리인 문제입니다.

스톡옵션은 돈 없는 벤처기업이 유능한 인재를 유치하기 위한 수단으로 알려졌지만 실상은 CEO에 대한 편의적이고 편법적인 보상 수단으로 활용되는 사례가 더 흔합니다. 특히 미국이 그렇습니다. 주식시장에 공개된, 즉 상장된 기업의 주주들은 앞서 설명한 대로 배당 수익과 주가 상승에 따른 시세 차익을 누릴 수 있습니다. 확정된 수익을 원하는 투자자들은 주식보다는 회사채를 더 좋아하지요. 한 마디로 믿을 만한 곳에다 미리 이자를 정해두고 돈놀이를 하는 것입니다. 회사가 망하지 않는 한 원금이 보장되고 이자까지 챙길 수 있으니까요. 망할 확률에 따라 이자 수준이 달라집니다.

주식을 보유한 사람은 이자를 못 받습니다. 이자 비슷한 게 배당금이지요. 그러나 배당을 받으려면 회사가 이익을 내야 하고, 또 이익이 나더라도 회사에서 배당을 결정해야 합니다. 채권을 보유했을 때처럼 무조건 사전에 약정한 이자를 받을 수 있는 게 아닙니다. 그럼에도 주식은 매력적입니다. 주가 상승에 따른 시세 차익이라는 한 방이 있기 때문이죠.

스톡옵션에도 이런 '한 방 심리'가 어느 정도 반영됐다고 볼 수 있습니다. 주주들의 이익과 CEO 등 경영진의 이익을 같은 방향으로 정렬시켜 놓으면 경영진도 주주가 되기 때문에 주주 이익이 극대화한다는 발상입니다. 시쳇말로 "우리가 남이가" 하는 생각이지요. 스톡옵션을 받은 CEO는 스톡옵션이란 인센티브(곧 바로 주식을 주는 게 아니라 주식을 미리 설정한 가격에 살 권리를 주는 인센티브)를 실제 수익으로 확정하기 위해 경영에 온 힘을 기울입니다. 경영 성과가 좋으면 주가가 올라가기 때문에 스톡옵션은 회사, 주주 그리고 CEO 등 모두의 이익에 부합하는 제도로 간주됐습니다.

사실 경영진은 스톡옵션이 아니라도 회사의 이익을 최대화하도록 온 힘을 기울여야 합니다. 스톡옵션은 불신에서 비롯한 배신을 방지하기 위한 '슬픈 장치'일까요, 아니면 좋게 받아들여 더 열심히 하라는 주마가편일까요?

일반화하기 어렵지만 둘 다 아니었습니다. 적잖은 사례에서 스톡옵션은 CEO의 배신을 조장했습니다. 대리인 문제를 방지하기는커녕 대리인 문제를 더 악화한 것이지요. 특히 미국 월가 CEO들이 챙긴 천문학적 스톡옵션은 서브프라임 사태 이후 미국인들을 분노하게 만들었습니다. 2011년 하반기 현 체제에 대한 근본적인 저항 정신을 드러낸 시위가 월가에서 이어진 데는 스톡옵션을 둘러싼 CEO들의 탐욕도 간접적인 영향을 끼쳤을 것입니다.

앞서 코즈의 정리를 설명하기 위해 든 예시로 돌아가 피혁 공장을 자본시장에 공개해 주식을 상장했다고 칩시다. 원래 CEO 노릇을 하던 회사 주인은 적당히 돈을 벌어서 외국으로 떠났고 이제 전문 경영인이 회사를 경영합니다. 주주들은 마침 전문 경영인 CEO에게 스톡옵션을 부여했습니다. 이 CEO는 가죽 원단 생산 효율을 높이기 위해 평소보다 훨씬 많은 화학약품을 사용했고, 별다른 여과 장치 없이 강물로 그냥 흘려보냈습니다. 많이 듣고 보는 사례이지요. 밤샘 작업하면서 몰래 강물에 유해 물질을 유출하고, 비가 오면 흘려보내는 행태는 지금도 4대강 주변에서 심심찮게 적발됩니다.

이 피혁 공장 CEO에게 스톡옵션은 한탕의 동기를 제공했습니다. 스톡옵션을 행사할 때까지 기업 실적을 향상해 주가를 끌어올린 다음 주식을 팔고 튀자고 생각했지요. 실제로 화학약품 남용 등 별 나쁜 짓을 다 해가며 주가를 올리고 스톡옵션 행사 시점이 되자 미련 없이 현금화해 외국으로 이주하고 말았습니다.

다음 CEO가 회사를 맡아보니 엉망이었습니다. 환경을 오염시키는 수준이 너무 심각해 이 상태로 공장을 가동하다가 당국에 걸리는 날엔 회사 문을 닫을 지경이었던 것이지요. 경영을 정상으로 돌리려고 하자 전임 CEO의 잘못을 바로잡는 과장에서 기업 실적은 계속해서 떨어졌고, 더불어 주가도 급락했습니다. 숨겨져 있던 대리인 문제가 수면 위로 떠오른 것이지요. 문제를 일으킨 대리인이 떠나고 문제를 바로잡으려는 대리인이 흔히 문제를 떠안게 됩니다. 대부분 문제를 바로잡으려고 하기보다는 은폐하려고 애쓰지만, 더 이상 은폐할 수 없을 지경이 되면 문제가 불거져 나옵니다.

언뜻 헤겔이 말한 '주인과 노예의 변증법'이 떠오릅니다. 주인과 노예의 변증법에서는 주인이 더 주인답기 위해서는 노예를 더 혹사

해야 하고 그런 과정을 통해 노예에게 점점 더 많이 의존하는 역설이 발생합니다. 반면 노예는 노동을 통해 자신의 기술과 힘을 키우고 결국 무능한 주인을 지배하게 되지요. 이를 테면 명목상 지배와 내용상 지배가 역전된 셈입니다.

주주와 CEO의 관계에서도 이러한 역전은 관철됩니다. 주인(주주)과 노예(대리인, CEO)라는 명목 관계가 내용상 반대가 되기 때문입니다. 차이점은 원래 주인과 노예의 변증법은 노예 해방이라는 진취적 전망을 담아내지만 오늘날 '자본주의 주식회사의 변증법'은 사악한 묵시록으로 귀결한다는 점입니다. 주인과 노예의 변증법에서 일어난(또는 희망한) 것과 같은 역전이 주식회사에서는 일어나지 않습니다. 노예가 주인을 물리친 것과 같은, 대다수 주주가 한 줌 대주주나 CEO에 맞서 권리를 제대로 행사하는 일은 거의 발생하지 않는다는 것이죠.

주주 행동주의 또는 소액주주운동 등에서 대리인 문제를 바로잡기 위해 많이 노력했습니다. 삼성전자 등의 주주총회에 주주 자격으로 참여해 CEO가 왜 주인인 주주들의 이익이 아닌 이건희 회장의 이익에 복무하느냐고 따졌습니다. 또는 같은 논리 틀로 실질적인 최고 경영자이자 대리인인 정몽구 회장이 왜 전체 주주들의 이익을 우선하지 않고 자신의 이익에 매몰돼 있느냐고 추궁했습니다.

소액주주운동은 분명히 의미 있는 흐름이지만 작은 딜레마가 존재합니다. 즉 기업의 주인이 주주라는 대전제하에서 재벌 총수들의 전횡을 야단쳤는데, 기업의 주인 범위를 넓혀버리면 전보다 야단칠

때 약간 힘이 달리게 됩니다. 회사가 주인인 다수 주주의 이익에 복무해야 한다는 주주 중심주의는 "기업의 사회적 책임은 이윤 추구"라는 밀턴 프리드먼(Milton Friedman)의 사상과 가깝습니다. 한국 재벌들이 그런 신자유주의적인 질서의 최소한마저 존중하지 않았기 때문에 그동안 그것이라도 지키라고 목소리를 높인 것이었죠. 그런데 지속 가능 경영의 대두와 함께 오히려 주주 중심주의는 떠내려갈 상황에 처했습니다.

이해관계자 중심주의에서 주주는 중요한 이해관계자이긴 하지만 여러 이해관계자 중 하나로 위상이 내려갑니다. 주주 행동주의를 펼치는 단체에는 대리인 문제의 전선이 흐릿해지는 또는 복잡해지는 새로운 국면이 찾아왔다고 볼 수 있습니다. 한 문제가 채 해결되지 않은 상태에서 새로운 문제가 중첩돼버린 것이지요.

재벌 기업들 입장에서는 주주 행동주의의 예봉을 피할 그럴듯한 명분을 이해관계자 경영에서 발견합니다. 대리인들에게 부여된 기본적인 의무에 배치되는 행동을 일삼다가 갑자기 기업의 지속 가능성을 높이기 위해서는 주주뿐 아니라 다른 많은 이해관계자를 아울러야 한다는 논리를 펴며 소액주주운동의 비판을 우회할 수도 있습니다.

예컨대 상품을 구매하는 소비자는 옛날에도 기업 경영의 핵심적인 고려 대상이었지만 이제는 '대상화' 틀을 버리고 기업의 본질 가치를 구성한다는 관점을 갖게 됩니다(물론 내용상 달라진 게 하나도 없는데 수사만 화려해지기도 합니다). 나아가 기업 경영의 패러다임이 '주주

대 대리인'에서 주주를 비롯해 노동자·언론·정부·지역사회·납품업자 등 이해관계자 관리, 더 정확하게는 이해관계자 간의 관계로 바뀌면서 이런 문제가 발생하게 되지요.

기존 주주 행동주의자들은 나름대로 진취적이었습니다. 이들은 기업의 대리인이 행하는 전횡에 맞서서 기업의 주인인 주주의 이익을 옹호하는 것이 경제 정의를 실현하는 데 합치한다고 보았지요. 그런데 그 틀이 깨지면서 이제는 위상 조정이 불가피해졌습니다. 기업이 주주의 이익만을 대변하지 않는다는 논리에 대응해야 하기 때문입니다. 앞서 언급한 트리플 보텀 라인의 관점과도 일치합니다.

주주 이익의 대변과, 기업의 가장 큰 사회적 책임은 이윤 추구라는 견해는 트리플 보텀 라인 가운데서 한 가지 보텀 라인만 보는 입장과 연결됩니다. 한 가지 보텀 라인만을 보겠다는 생각은 기업이 만들어 내는 외부효과를 종전대로 그냥 외부에다 내팽개쳐 두겠다는 것입니다. 앞서 살펴본 피혁 공장과 어촌의 사례에서 피혁 공장은 본래의 경제활동을 열심히 하는 과정에서 외부효과를 일으켰습니다. 어획량 감소와 주민 건강 악화 등이 외부효과의 구체적 모습이죠. 환경 규제가 강해지기 전까지 외부효과에 대해 피혁 공장에서 책임을 지지 않았습니다. 외부효과는 외부에 머물게 하라는 게 기존 입장이었죠.

이제 환경이 달라졌습니다. 외부효과를 외부에 둬서는 안 되고, 외부효과를 내부로 끌어와야 하는데, 그때 발생하는 (그동안 사회가 부담한) 비용을 내부화해야 한다는 패러다임의 전환이 지속 가능 경영입니다. 사회적 비용의 내부화입니다. 물론 여기서 사회적 비용이란 원래 기업에 속한 비용이었으나 기업이 부당하게 사회에 이전해 어쩔 수 없이 사회가 감당했던 비용을 말합니다.

사회적 비용을 내부화하는 구체적 방법은 트리플 보텀 라인에서 찾아내야 하겠습니다. 환경 성과를 측정한다 했을 때 피혁 공장은 당장 화학약품 사용을 줄여야 하겠지요. 새로운 비용이 발생하고, (경제적) 이익이 줄어듭니다. 내친김에 소비자 안전(앞서 살펴본 GRI에서는 사회 부문의 주제입니다)에도 신경을 써서 가죽 제품의 안전성을 높이기 위해 납품하기 전 제품에 묻어 있는 화학제품을 털어내는 작업을 진행했습니다. 또 돈이 들게 됩니다.

"또 돈이 듭니다"는 표현은 사실 트리플 보텀 라인 관점이 아니라, 경제적 보텀 라인만을 적용한 관점입니다. 트리플 보텀 라인 관점에서는 투입된 돈이 꼭 비용으로 계상되는 것만은 아닙니다. 명성을 높여 충성도 높은 고객 집단을 확보한다든지, 우발적 리스크에 대비한다는 식의 설명은 기존 틀에서도 가능합니다. 명성을 높이는 기회가 타이레놀 사례처럼 극단적인 상황에서만 발견되지는 않습니다.

하지만 명성 제고와 우발적 리스크에 대비한다는 진중한 경영 전략이 모든 기업에 통용될 리 없습니다. 기업의 경영자들이 고상한 생각만 하고 살 수 있겠습니까? 기존 틀이란 단서를 달았듯 여전히 TBL에 입각한 패러다임의 전환은 아닙니다.

결국은 단기적으로는 어느 한쪽의 이익이 다른 한쪽의 손해로 귀결되는 '제로섬'의 논리로 돌아갈 수밖에 없습니다. 사회적 비용의 내부화는 부득불 일부 이익의 외부화와 결부되기 때문입니다. 그러나 분명히 할 전제는 그 이익은 기업 자신이 부담해야 할 비용을 외부로 돌리고(외부효과) 부당하게 얻은 이익을 도로 내놓은 것이라는 점입니다.

혼자 이렇게 하라고 하면 아무도 하지 않겠지요. '사회적 비용'의 내부화와 부당한 이익의 외부화는 지속 가능 경영의 대전제입니다. 따라서 윤리적인 경영자 어느 한두 명의 출현으로 지속 가능 경영의 도래를 기대할 수 없습니다. 사회 전반의 패러다임 전환 속에서 검토돼야 합니다. 그렇다고 개별 기업이 넋 놓고 있어야 한다는 뜻은 아닙니다. 성경에 이르듯 도둑같이 주인이 돌아왔을 때를 대비해야 합니다.

그렇다고 언제나 비용만 지우는 것은 아닙니다. 트리플 보텀 라인 관점의 확산은 사회적 비용을 내부화하는 과정에서 새로운 수익원을 발굴케 해줍니다. 대표적인 게 탄소 배출권입니다. 외부에다 전가한 온실가스를 이제 기업들이 책임지게 되면서 역으로 온실가스 감축으로 배출권 수입이란 새로운 사업 기회를 맞게 됩니다. 탄소 배출권 외에도 엄청나게 많은 기회가 기업들에 다가올 것입니다. 리스크(risk)는 기회(opportunity)를 동반합니다. 위기(危機)라는 말은 위험과 기회를 함께 담고 있음을 늘 잊지 말아야 합니다.

국가와 다국적 기업을 망라한 100대 경제권(economy) 가운데 다국적 기업은 50개 정도 포함됩니다. 삼성전자가 갖는 경제력 순위는 약 40위로 세계의 웬만한 정부를 압도합니다. 하지만 처음부터 지금과 같은 규모를 갖춘 것은 아니었습니다.

과거에는 국가권력과 자본이 단일대오를 형성했습니다. 기업이 만든 외부효과를 정부가 상당 부분 용인해, 일부는 제거하고 일부는 밖으로 여과 없이 흘렸습니다. 내부 자원을 충분히 쌓지 못한 상태에서 외부효과를 '내부화' 했을 때 기업 대부분이 성장에 어려움을 겪을 수 있습니다. 무너지는 기업도 속출하게 되지요. 각국 정부는 뿌리 깊은 중상주의 전통에 따라 자국 기업들을 뒷바라지했습니다.

앨런 그린스펀(Alan Greenspan)이 '그린스펀 풋' 으로 주가를 부양했듯 우리나라에서는 말하자면 '박정희 풋' 같은 게 있어서 대기업이 형성될 수 있었습니다. 외부효과 또한 '박정희 풋' 의 한 항목이라 할 만합니다. 수입 규제, 노동운동 탄압, 저임금 기조 유지, 공권력 동원 등이 총체적으로 '박정희 풋' 으로 작동하면서 다양한 외부효과를 만들어냅니다. 기업의 부담을 크게 덜어줬고 마음을 홀가분하게 해줬습니다. 이제 그렇게 성장한 삼성·현대가 세계적 규모의 다국적 기업으로 성장했습니다. 한국의 기업이라고 하기엔 전라도 말로 좀 '거시기' 해졌습니다.

지금은 다국적 기업 등 거대 기업들은 스스로 외부효과를 감당할 역량을 갖췄습니다. 그런데 기업이 감당해야 할 비용을 여전히 사회에 전가하고 있는 행태의 본질적 이유는 더 많은 이윤을 추구하기 때문입니다. 탐욕 때문이지요. 사실 기업의 사회적 책임 할 때 사회책임(SR)은 기업이 본래 감당해야 할 책임입니다. 역량이 충분한 거대 기업들이 사회책임을 외면한다면 부도덕한 탐욕을 부리고 있다는 비난에서 벗어날 수 없지요. 당위와 타이밍 사이에서 줄타기하다가 미망 속으로 떨어지지 않도록 주의해야 합니다.

하지만 삼성·LG와 달리 중소기업들은 외부효과를 100퍼센트 '내부화' 하기에는 현실적으로 어려움이 예상됩니다. 결과적으로 고용 보조금이 되었든 무엇이 되었든 장기적인 연착륙을 유도하며 국가 차원의 지원이 이루어져야 하겠습니다. 어떤 형태가 됐든 사회 책임을 촉진할 공동의 플랫폼이 조성될 것으로 전망합니다.

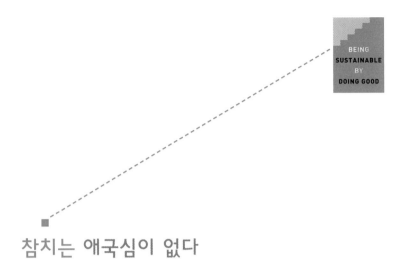

BEING
SUSTAINABLE
BY
DOING GOOD

참치는 애국심이 없다

다시 피혁 공장으로 돌아갑시다. 박윤리라는 사람이 새로 최고경영자(CEO)에 취임했습니다. 박 사장은 주주들에게 "우리는 착한 기업 할 겁니다. 친환경 공법을 도입해 화학약품 사용량을 줄이겠습니다. 사용한 화학약품은 반드시 적법한 방식으로 수거해 제대로 처리하고 장마철에 몰래 강으로 흘려보내지 않겠습니다"라고 말했습니다. '착한 기업'이 된 것입니다.

주주들이 열렬히 박수치며 박 사장을 격려했을까요? 그렇지 않습니다. 이 피혁 공장에 무슨 일이 일어날까요? 아마 회사가 망하고 말 겁니다. 아니, 회사가 망하기 전에 주주들은 신임 박 대표이사의 취임사를 듣자마자 박 대표를 자리에서 끌어내리려 할 것입니다. 주주들이 착한 기업을 싫어해서일까요? 아닙니다. 경제학의 보편적 가정과 달리 경제주체는 적잖게 '착한' 성향을 드러냅니다. 여기서 문제는 '착한 것'이 아니라, '혼자' 착한 것입니다.

그럼 '같이' 착해지는 것이 대안이겠죠. 하지만 현실의 모습은 그렇지 않습니다. "같이 착해집시다. 나 말고 당신부터"가 현실의 논리입니다. 딜레마게임이라고 할 수도 있고, 치킨게임이라고 할 수도 있습니다. 치킨게임에서처럼 먼저 뛰어내리면, 즉 혼자만 착해지면 망하고 맙니다. 금강 변에 있는 박윤리 사장의 피혁 공장이 착해진 사이, 낙동강 변에 있는 김이윤 사장이 경영하는 피혁 공장은 화학약품을 펑펑 쓰고 비 오면 몰래 흘려보내는 등 옛날식으로 조업했습니다. 한 마디로 박 사장은 착한 CEO이고, 김 사장은 악한 CEO라고 할 수 있습니다.

하지만 소비자들은 모릅니다. 소비자들에게는 값이 싼 게 착한 것입니다. 낙동강 변 김 사장의 피혁 공장에서 나온 제품이 '착한 제품'입니다. '착한 제품'을 찾는 소비자들 덕분에 '착한 CEO' 박 사장은 실업자가 되고 맙니다.

종종 강가의 피혁 공장 사례를 통해 설명되는 코즈의 정리는 로널드 코즈(Ronald Coase)라는 미국인 학자가 만든 것입니다. 수학자로서 코즈는 1991년 노벨 경제학상을 받았는데, 크게 보아 신자유주의의 옹호자인 시카고학파로 분류된다는 점에서 대체적인 학문 성향을 짐작할 수 있습니다.

그렇다면 이번에는 코즈가 경제학상을 받을 무렵의 멕시코만으로 여행을 떠나봅시다. 그곳에는 석유가 있고 허리케인이 지나가며, 바닷속에는 6500만 년 전 지구를 강타한 운석이 만든 크레이터가 존재합니다.

바닷속을 헤엄치는 거대 물고기들 가운데 인간에게 가장 친밀한 게 참치일 것입니다(물론 '친밀하다'는 인간 중심의 판단입니다). 특히 일본인들의 참치 사랑은 대단합니다.

참치는 일식집에서 횟감으로서뿐 아니라 통조림의 내용물로도 많이 소비됩니다. 미국 참치잡이 어선들은 참치를 잡아 통조림을 만들거나 일본에 수출합니다. 일식의 보급 확대 등 여러 이유로 수요가 느는 반면, 무분별한 남획으로 잡히는 참치의 크기가 점점 작아지고, 어획량은 줄어들어 공급이 감소하면서 참치잡이 경쟁은 더 치열해지고 있습니다.

참치잡이 경쟁이 격화할수록 참치의 삶은 곤경에 처하게 됩니다. 참치는 곤경의 근본 원인을 파악할 능력이 없습니다. 물속 존재인 참치에게 물 밖 존재인 인간의 위협은 그 위협이 아무리 심대해도 인지될 수 없는 대상입니다. 그렇다고 참치가 모든 위협에 무심한 것은 아닙니다.

참치에겐 친구가 있습니다. 돌고래입니다. 친구 사이라기보다는 참치가 "형!" 하며 일방적으로 따라다니는 사이라고 봐야겠지요. 참치의 돌고래 연모에는 사랑 외적인 사연이 존재합니다. (참치가 아는 한) 참치 떼의 천적이 상어인데, 참치가 돌고래랑 같이 있으면 상어가 따라붙지 않는다고 합니다. 덩치가 비등비등한 돌고래와 상어는, 주먹 세기가 비슷한 동네 건달 우두머리들이 서로 싸우지 않듯 상대를 피해준다고 합니다.

참치 떼로서는 돌고래를 공짜로 보디가드 삼은 셈이지요. 돌고래는 그러든가 말든가입니다. 하지만 그 대범함 때문에 돌고래에게 고통이 시작되지요. 참치와 달리 고래 종류는 잡기가 쉽지 않습니다. 국제포경조약으로 설치된 국제포경위원회(IWC)에서 어장(漁場)의 제한, 포획 금지 등을 정하지만 완전히 금지된 것도 아니고 허용된 것도 아닌 상태입니다. 아이슬란드는 상업 포경을 계속하고 있고, 일본은 연구용을 내세우며 실제로 상업 목적 포경을 이어가고 있어 호주, 뉴질랜드 등과 마찰을 빚고 있습니다. 공식적으로는 남획으로 고래 숫자가 줄어들면서 전 세계적으로 포경 제한이 우세한 분위기입니다.

참치는 나라를 가리지 않고 거의 모든 사람들이 먹지만 고래 고기를 먹는 나라는 그렇게 많지 않지요. 일본과 우리나라처럼 식용으로 쓰지 않더라도 고래의 쓰임새가 없지는 않습니다. 어쨌든 포경 제한으로 고래 개체 수가 다시 늘어나고 있는데 '참치잡이'라는 돌발 변수가 튀어나옵니다.

참치잡이 배의 선장은 경험과 어군탐지기를 동원해 참치 떼를 찾아 헤맵니다. 경험에는 물 밖으로 펄쩍펄쩍 뛰어오르는 돌고래의 경거망동이 포함되겠죠. 돌고래의 존재는 참치 떼의 존재 확률을 높여줍니다. 어선이 참치 떼를 잡는 과정에 돌고래는 참치 떼 옆에 있다가 날벼락 격으로 그물에 걸려듭니다. 참치 떼를 확신하지 않은 상태에서 '아니면 말고' 하는 심정으로 어쩌다 돌고래들을 향해 그물을 던질 수도 있겠지요. 참치 떼가 있으면 참치 떼를 건진 다음에, 없으면 없는 대로 돌고래를 풀어주면 된다는 게 참치잡이 선단의 보편적인 정서인 모양입니다. 돌고래는 그물에 걸려 상처를 입거나 죽기도 합니다.

미국 어선들은 돌고래들에게 미국 정치 용어로 '부수적 피해(Collateral Damage)'를 입히게 됩니다. 복수를 주제로 한 같은 제목의 액션영화도 있는데, 가해자로서 '부수적 피해'는 구조상 외부효과랑 비슷합니다. 원하지 않았는데 그런 일이 생긴 거죠(영화는 '부수적 피해'가 의도한 피해라는 측면에서 제목과 내용이 꼭 일치하지는 않습니다).

이라크에서 미군이 작전을 펼치던 중에 민간인 희생자가 발생했을 때 미국 정부에서는 "일부 부수적 피해가 있었다"고 설명해 세계적으로 비난을 산 적이 있습니다. 도널드 럼즈펠드 전 미 국방부 장관이 현직에 있을 때 한 말인데, '부수적 피해'라는 표현 자체에서 당시 조지 부시 행정부의 철학과 이라크관을 엿볼 수 있습니다. 만일 부수적 피해가 미국 민간인들 사이에서 일어났어도 그런 표현을 쓸 수 있었을까요?

이라크의 부수적 피해에는 눈감았던 미국인들이 그에 앞선 멕시코 만의 부수적 피해에는 결연하게 대처합니다. 미국인이라기보다는 미국 어린이들이라고 정정해야겠네요. 멕시코 만에서 돌고래 피해가 속출한다는 소식이 전해지자 미국 사회에 파문이 일어납니다. 특히 어린이들이 분노했습니다. 돌고래는 어린이들의 친구이면서 또한 참치 떼의 친구이기도 합니다. 돌고래는 물 밖에 사는 어린 인간이나 같은 물속에 사는 동생뻘 참치 모두에게 무심했습니다. 돌고래를 정점에 세운 우정의 특이한 삼각관계가 생겨났지요.

돌고래에 대한 참치 떼의 추종은 돌고래를 위태롭게 했지만, 돌고래에 대한 어린이들의 관심은 돌고래에게 활로를 터주게 됩니다. 어린이들이 마침내 돌고래를 구하기 위해 행동에 나섰습니다. 참치 불매운동이 시작된 것입니다.

당시 어떤 미국 어린이가 어머니에게 "엄마, 나는 돌고래 죽이는 참치가 들어간 참치 샌드위치 따위는 안 먹을 거예요"라고 말했겠지요. 사소한 투정에서 출발한 참치 불매가 전국적인 여론으로 형성되자 미국 정부와 정치권이 나섭니다. 정치인치고 어린이를 사랑하지 않는 이는 없습니다. 모두 유권자의 아들딸들이기 때문입니다. 어린이에 대한 정치인의 사랑은 보여주기 위한 사랑이기 때문에, 어린이들이 눈에 띄게 행동했을 때 뭔가 보여주지 않을 수 없는 노릇이지요.

바로 그 어린이들이 세상을 바꾸게 됩니다. 참치잡이에 새로운 규제가 가해진 것이지요. 미국 규제 당국은 어로 과정에서 돌고래의 부수적 피해가 생기지 않도록 미국 참치잡이 어선들의 조업 방식을 바꾸도록 조치했습니다. 또한 규제는 두 가지 방향에서 이뤄졌습니다. 어획 방법 자체에 대한 규제와 연간 (돌고래의) 부수적 피해에 대한 총량 규제였습니다.

미국 참치잡이 회사들은 이제 생태계에 대한 책임을 지는 기업으로 거듭났습니다. 물론 밖으로는 돌고래를 보호하면서 내부적으로는 중남미계 값싼 노동력을 데려다놓고 고혈을 쥐어짰을지는 모르겠지만, 경제학에서 흔히 말하는 대로 '다른 조건이 같다면' 새로이 한

가지 사회책임을 더 이행하게 된 것이고 그로 인해 조금 더 지속 가능한 사회로 한 걸음 내딛게 됐다고 판단할 수 있겠죠. 시점이 20여 년 전임을 고려하면 미국 참치잡이 회사들이 (강제에 의한 것이기는 하지만) 상당히 앞서 갔다고 볼 수도 있겠지요. 경제적인 성과(보텀 라인)뿐 아니라 생태계 보호 및 소비자 문제에 적극적으로 대응해 결과적으로 트리플 보텀 라인을 동시에 추구하는 기업이 된 것입니다.

앞선 사례의 박윤리 사장과 비교해 볼까요. 미국 참치잡이 회사의 사장은 한국의 가상 피혁 공장 박윤리 사장과 달리 자발적으로 사회책임을 떠안지 않았다는 게 차이점입니다. 공통점은 '착한 기업'이 됐다는 데 있습니다.

그렇다면 박윤리 사장의 피혁 공장이 망한 것과 달리 미국 참치잡이 회사들은 망하지 않은 이유는 무엇일까요? 개인의 윤리적 결단이 아닌 전국에 걸쳐 일괄적으로 규제가 도입됐기에 비용의 증가나 조업 환경의 악화라는 부담 또한 참치잡이 회사들에게 공통적이었기 때문입니다. 새로운 규제의 수용 강도는 회사마다 차이가 있겠지만, 그럼에도 박윤리 사장의 공장처럼 특정한 몇몇에게만 확고한 불이익으로 귀결하지는 않았습니다. 전체의 불이익은 누구의 불이익도 아닐 수 있습니다.

그런데 이런 예상은 한편으론 맞았고, 다른 한편으론 틀렸습니다. 특정한 몇몇 회사의 불이익으로 귀결하지 않았지만, 미국 참치잡이 업계 전체의 공통적 불이익이 됐기 때문입니다. '전체'라는 범위가 논란거리가 되겠네요.

문제는 바닷속에 국경이 없다는 데 있습니다. 멕시코 만의 참치는 잡히는 순간부터 미국산 참치, 멕시코산 참치가 될 뿐 그전에는 모두 그냥 '바다 참치'입니다. 가두리양식이 아닌 한 아직은 물고기를 특정 영해에 묶어놓을 재간이 없습니다. 참치들은 이쪽 영해에서 저쪽 영해로 왔다 갔다 합니다. 잡히기 전까지 하루는 미국 참치였다가 또 하루는 멕시코 참치로 살아갑니다. 사정은 돌고래도 마찬가지입니다.

멕시코 만에는 이름에서 연상할 수 있듯 미국 어선뿐 아니라 멕시코 어선도 조업합니다. 참치·돌고래와 달리 어선들은 바다 위 국경, 즉 영해의 범위를 준수합니다. 이제 바다 위와 바다 밑의 국경 불일치로 어떤 문제가 야기되는지 살펴봅시다.

멕시코 영해 내에서 조업하는 멕시코 어부들은 응당 멕시코법을 준수하겠지만 미국법을 지킬 의무는 없습니다. 따라서 미국 참치잡이 회사들이 사회책임 기업으로 변신해 돌고래를 지키는 어로법을 사용하는 동안 멕시코 어선들은 종전과 같은 방식, 즉 돌고래에게 부수적 피해를 입히는 방식으로 참치를 잡습니다. 멕시코 영해 안에서 돌고래들이 더 많이 죽어나가는 게 당연한 것처럼 미국에 비해 멕시코 쪽 어로 비용이 상대적으로 낮아지는 것 또한 당연합니다. 멕시코산 참치 통조림이 미국산 참치 통조림보다 더 싸질 수밖에 없습니다. 참치 통조림처럼 가공 과정에 특별한 기술 차이가 없는 업종에서 원재료를 조달하는 비용을 낮춘다면 확고한 경쟁 우위에 설 수 있을 것입니다.

여기서 또 한 가지 불일치가 고려 요인이 됩니다. 미국과 멕시코가 사실상 한 시장이나 다름없다는 점입니다. 바다 밑에 국경이 없지만 바다 위에 국경이 존재하는 것처럼, 참치에는 국적이 없지만 참치 통조림에는 국적이 존재합니다. 시장은 또 다른 영토를 갖습니다. 자본의 영토는 참치가 헤엄치는 바다 밑과 마찬가지로 자유롭게 국경을 넘어섭니다.

간단히 말해 미국 시장에서 소비자들은 미국산 참치 통조림보다 값이 싼 멕시코산 참치 통조림을 자유롭게 살 수 있습니다. 자본은 국가와 민족에 구애받지 않는 자유로운 존재임을 다시 한 번 실감할 수 있습니다. 통조림 안에 담긴 참치에 사실상 품질 차이는 없는데 하나는 싸고 하나는 비싸면 어느 것을 사겠습니까? 너무나 당연합니다.

생태계 보호라는 사회책임을 이행하려다가 미국 참치잡이 회사들이 모두 망할 처지에 몰리자 미국 정부는 또 골머리를 앓게 됩니다. 미국 산업을 보호하고 육성하는 일은 어린이들의 마음을 달래는 것 못지않게 중요합니다.

1990년 8월 미국은 멕시코산 참치 통조림의 수입을 금지했습니다. 멕시코라고 가만히 있을 리는 없지요. 무역 분쟁이 불붙었습니다. 멕시코는 '관세무역 일반협정(GATT)'에 따라 국제기구에 "미국의 수입금지 조치가 부당하다"며 제소했습니다. 그런데 이때 GATT의 판결은 보통 사람들의 예상과 다른 것이었습니다. 미국이 아닌 멕시코의 손을 들어주게 됩니다. GATT는 영화(스그린쿼디) 등 해외로 인정되는 상품을 빼고는 동종 상품(like product)에서 외국산 차별을 금지합니다. 미국산 참치 통조림과 멕시코산 참치 통조림을 동종으로 본

것이지요.

여기서 유의해야 할 용어는 제조 공정 방법(PPMs; Process & Production Methods)입니다. 결과물로서 상품뿐 아니라 상품을 생산하거나 제조하는 과정에 주목한 말입니다. 특정 상품이 환경에 미치는 영향을 거론하기 위해 이 용어를 쓰기도 합니다.

참치 통조림과 관련해서는 공정상 돌고래의 부수적 피해가 일어났는데, 이것을 동종 상품으로 판정하는 데 고려 요인으로 봐야 하는가 아닌가에 관한 문제입니다. 자유무역을 지지하는 견해에서는 PPMs를 엄격하고 협소하게 해석할 수밖에 없습니다. 멕시코산 참치 통조림에 독극물이 들었다든지 하는, 제품과 직접 관련된 하자라면 당연히 수입이 금지되겠지요. 사실 참치 통조림만 놓고 보면 먹거나 유통하는 데 전혀 문제가 없기는 합니다. 나중에도 언급하겠지만 GATT의 결정은 멕시코산 제품의 환경 비용을 계상하지 않았다는 측면에서 전부원가회계(full cost accounting) 원칙에서 벗어나 있습니다. GATT와 전부원가회계는 애초에 상충하는 사이입니다.

그럼 이제 미국 정부는 어떻게 해야 할까요? 미국 참치 통조림 시장을 멕시코에 내어주고, 참치잡이 어업의 괴멸을 수수방관할 수밖에 없을까요?

이때 등장한 해법이 시장의 정치화라고 할 수 있습니다. 환경경제학에서 제시하는 라벨링(labelling)은 경제적 행위가 아니라 정치적 행위로 해석돼야 합니다. 자체 경쟁력만으로 시장에서 평가받아야 할 상품에 구호를 덧씌운 것입니다. 상품 구매가 경제적 효용뿐 아니라 효용 외적인 동기에 이끌리게 유도하는 게 라벨링입니다.

　멕시코산 참치의 수입을 막거나, 미국 어선에 가한 어로 방법에 관한 규제를 철회하는 대신 미국 제품에는 특정한 표시를 붙이게 했습니다. '돌고래를 죽이지 않은 참치 통조림' 이라는 마크 'dolphin safe' 라벨링입니다.

　미국 소비자들에게 선택할 수 있는 정보를 준 것입니다. 돌고래에게 위해를 가하는 저렴한 멕시코산 참치 통조림을 사거나, 조금 돈을 더 주고 돌고래 보호 인증 마크가 붙은 미국산 통조림을 사거나 두 가지 중에서 구매 결정을 내릴 수 있게 했습니다.

돌핀 세이프 마크

　참치 분쟁은 우리에게 어떤 시사점을 던져줄까요? 외부효과를 이야기하면서 앞서 거론한 피혁 공장이 처한 틀이 국가 경제 차원에서만 작동하는 것은 아니라는 사실입니다. 자본주의 발전의 초기 단계에서 국가는 시장을 국가 규모로 통합하고 육성하기 위한 노력을 기울였습니다. 국부에 집착한 중상주의 국가 발전 전략은 시장의 외연을 확대하는 것이었죠. 그러나 엄밀한 외미의 중상주의는 사라졌지만 중상주의 태도와 관점은 여전히 명맥을 유지하며 지금까지 이어지고 있습니다. 19세기 말에서 20세기 초 사이에 발흥한 제국주의는 중상주의적인 시장 확장의 극단적인 예입니다. 시장이 세계적 규모로 확대된다는 측면에서는 지금의 세계화와 동일합니다.

다만 지금의 세계화가 미국적 가치를 은밀하게 조장하는 가운데 명목상, 또한 어느 정도는 세계 수준으로 통합된 시장을 지향하는 반면 제국주의는 특정 국가의 지도 아래 통합된 시장을 세계 수준으로 확장할 것을 기도한다는 데 차이가 있습니다. 제국주의에서는 시장과 국가의 범위가 일치합니다. 세계화에서는 시장이 국가들을 초월하게 됩니다.

기업의 사회적 책임이라고 하는 것도 시장의 범위와 관련될 수밖에 없습니다. 피혁 제품은 금강에서 만든 제품과 낙동강에서 만든 제품이 같은 시장에서 경쟁하기 때문에 어느 한 쪽에만 사회책임 비용(현재 시점에선 '비용' 개념으로 인식된 게 사실입니다)을 물리는 데는 무리가 따릅니다. 미국과 멕시코 사이를 흐르는 리오그란데 강이 두 나라의 영토를 나누지만 참치 통조림 시장을 나누지는 못합니다. 예로 든 미국 참치잡이 회사들은 혼자서 사회책임을 이행한다고 해서 명성을 얻을지 모르지만 명성이 쌓이기 전에 망하고 말 것입니다. 멕시코에서 기업의 사회적 책임에 동참하지 않는다면 말입니다.

이렇듯 사회책임과 관련된 핵심 현안 가운데 세계화를 빼놓을 수 없습니다. 세계화는 자본과 노동의 국경을 넘어선 자유로운 이동을 말합니다. 역사상 여러 차례 세계화가 존재했지만 지금의 세계화가 가장 강력하다고 할 수 있습니다. 자본 · 노동에 더해 무역을 거론하는 이들도 있습니다. 자유무역으로 교역량이 확대된 것 또한 유례가 없지만, 자본과 노동의 이동만큼 눈부시지는 않습니다. 특히 자본의 세계화는 경이로울 정도입니다. 경이로움의 결과로 세계인은 서브프라임 사태를 목도합니다. 세계적인 규모로 작동하는 단일 시장과 작은 정부, 서브프라임 사태를 통해 우리는 단일 시장의 위력을 실감했습니다. 그러한 단일 시장은 기업의 사회적 책임에도 영향을 끼칩니다.

세계화와 디지털화 혹은 디지털 경제, 이 두 가지가 결합해 만들어진 세상은 여러모로 위력적이고 파괴적이지만 사회책임 경영과 지속 가능 경영을 어렵게 만들 수도 있습니다. 세계화의 가장 특징적인 현상은 하나의 시장인데, 여기에 양과 속도 면에서 상상을 초월하는 정보 이동 능력이 결부돼 전혀 새로운 거래를 가능케 합니다. 인터넷 쇼핑이 대표적입니다. 금강과 낙동강을 직접 방문하지 않고도 물건을 살 수 있는 것은 물론 클릭하면 실시간으로 상품 정보를 얻을 수 있습니다. 경쟁은 금강과 낙동강 사이에서뿐 아니라 언제든지 메콩 강과 양쯔 강까지로 확대될 수 있습니다.

이때 제공되는 정보는 대체로 '시장적인' 것입니다. 우리나라의 사회적 기업인 '참 신 나는 옷' 같은 곳에서 근로기준법을 준수하고 정규직을 고용해 만든 정직한 옷인지, 중국 동부 해안의 스웨트숍(sweatshop, 노동 착취 공장)에서 비인간적 노동 끝에 만들어진 사악한 옷인지 알 도리가 없습니다. 시장이 세계 규모로 커졌고 디지털화로 정보가 실시간으로 공유되고 있는 세상에서 혼자 '공정 가격'을 주장해봤자 버텨낼 수가 없습니다. 사회적 기업을 하는 분들이 자주 하는 말이 공정 가격입니다. 그런데 공정 가격의 전제는 공정한 시장입니다. 공정하지 못한 시장에서 혼자 공정 가격을 운위한다면 허무한 외침으로 그치고 말 것입니다.

전부원가회계(full cost accounting)를 하자는 주장도 있습니다. 전부원가는 앞서 언급한 외부에 이전한 비용을 내부화하자는 말과 같은 얘기입니다. 비용의 외부화에 대한 대안이 전부원가회계입니다. 돌고래를 살리는 비용까지 포함한 참치 통조림 가격이 참치 통조림의 공정 가격입니다. 라벨링이라는 비시장적인 또는 정치적이고 부분적인 대안이 없었다면 미국 참치잡이 회사들은 모두 망했을 것입니다. 상품 정보 외에 공정(工程) 정보까지 포함해 말하자면 전부원가회계를 수행했음을 보여줄 수 있어야만 그나마 활로를 모색할 수 있습니다.

이 문제에 대한 해법은 그래서 시장 차원에서 모색돼야 한다고 합니다. 시장이 세계화한 요즘엔 세계적인 해법을 추구해야 하겠지요. 전부원가회계의 대표적인 사례가 환경비용을 계상케 한 교토의정서입니다. 큰 성과를 내지는 못했지만 2010년 코펜하겐에서 열린 유엔 기후변화 당사국총회도 같은 맥락입니다.

2010년 11월 발표된 **사회책임에 관한 국제 가이드라인(ISO 26000)** 또한 새로운 시장 규칙이라고 할 수 있습니다. 사회책임을 경영 시스템으로 정리했다는 데 의의가 있을 뿐 아니라 세계 각국이 사실상 ISO 26000을 경영에 관한 표준으로 인정했다는 데 더 큰 의의가 있습니다. 나아가 기업뿐 아니라 다른 유형의 조직들에도 사회책임을 촉

ISO 26000 구성 체계

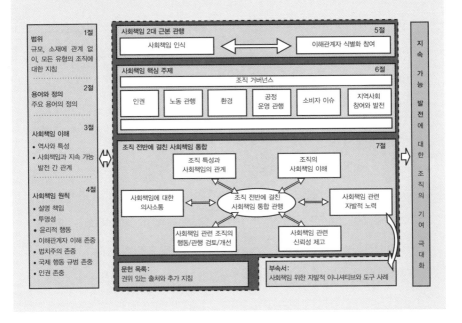

| 1절
범위
규모, 소재에 관계 없이, 모든 유형의 조직에 대한 지침 |
| 2절
용어와 정의
주요 용어의 정의 |
| 3절
사회책임 이해
• 역사와 특성
• 사회책임과 지속 가능 발전 간 관계 |
| 4절
사회책임 원칙
• 설명 책임
• 투명성
• 윤리적 행동
• 이해관계자 이해 존중
• 법치주의 존중
• 국제 행동 규범 존중
• 인권 존중 |

구했다는 사실에 주목해야 합니다. 노동조합의 사회책임 또는 대학의 사회책임 등이 거론되는 배경에는 전적이라고 할 수 없지만 ISO 26000 정신이 자리했다고 봐야 합니다.

교토의정서와 ISO 26000은 지구촌 차원에서 스스로 자정을 결의했다는 측면에서 매우 획기적인 사건입니다. 지구를 못살게 굴고 또 인간끼리 서로 못살게 굴다가 착해지자고 다수가 합의한 기적적인 사건입니다. 물론 교토의정서에서 미국이 탈퇴했듯 말은 말에 불과할 수 있습니다. 하지만 모든 종류의 관계에서는 말하지 않은 말보다

발설한 말이 더 의미가 있습니다. '고백'의 의미를 넘어서 두 가지 사건은 세계시민의 가능성을 새삼 일깨우고 세계사적 가능성을 제시한다고 가치를 부여할 수도 있습니다. 혹시 너무 과도한 기대를 품고 있는 것일까요? 그렇지만 지금 이 시점에 이미 내몰리듯 세계시민이 된 기업 시민을 비롯해 각양각색의 지구촌 세계시민이 각성하고 단결하는 것 말고, 지구온난화 등 인류 공통의 위기에 대처하는 데 다른 어떤 해법을 기대할 수 있을까요?

현재 유엔 차원에서 가동 중인 '유엔 글로벌 콤팩트(UN Global Compact, UNGC)'라는 조직 또한 지향점이 같습니다. 기업의 유엔 글로벌 콤팩트 활동을 '그린 워싱(Greenwashing, 겉으로는 친환경을 내세우지만 실제로는 친환경성이 높지 않은 행위)'과 비슷한 개념의 '사회책임 분식'으로 폄훼하는 이들도 있습니다. 한마디로 글로벌 콤팩트가 너무 느슨한 기준을 적용해 '착한 세계시민' 자격증을 준다는 불만입니다. 아직 범죄자인데 섣불리 사면한 것은 물론이고 게다가 선거권까지 부여했다는 비유로 이해할 수 있겠지요.

이러한 논란에도 글로벌 콤팩트의 역할이 전혀 무의미하지는 않을 것입니다. 지구온난화라는 지구 차원의 위험이 상존하고 세계적 규모의 거대 시장이라는 괴물이 등장했기에 인류 문명은 그에 맞춰 세계적 규모의 대처를 모색할 수밖에 없습니다. 세계시민 정신에 따른다면 누구와도 힘을 합쳐야 할 때입니다. 지금으로선 말입니다.

이상기후를 일으키는 엘리뇨·라니냐는 난류와 한류의 흐름이 부드럽게 이어지지 않아서 생긴다. 자본과 노동이 국경을 넘어 무한대로 이동케 한 세계화는 디지털 경제와 결합하면서 특히 자본에 날개를 달아주었다. 오로지 더 높은 수익률만 찾아 헤매는 투기적 자본은 욕망의 폭주 기관차로 지구촌 전역을 싸돌아다니고 있다. 2008년의 서브프라임 사태는 폭주 기관차의 탈선이었다. 하지만 세계는 서브프라임 사태에서 교훈을 얻지 못하고 폭주 기관차들의 무분별한 질주를 여전히 수수방관하고 있다. '호모 이코노미쿠스'를 '호모 코오퍼러티쿠스(Homo Cooperaticus)'로 개조해야 하듯 투기 자본, 즉 핫머니를 착한 돈, 즉 쿨머니로 자리바꿈할 수 있도록 세계경제의 틀을 변경해야 한다. 일국이 할 수 있는 일은 아니지만 자국 경제 내 쿨머니의 비중을 높이는 정도는 할 수 있다.

chapter 5

착한 투자는 따뜻한 돈이다

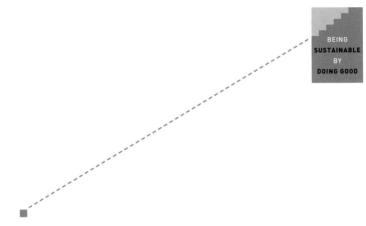

북대서양 심층수가 말하지 않는 것

적도 부근에는 동쪽에서 서쪽으로 흐르는 해류가 있습니다. 적도 해류라는 것인데 무역풍이 만들어낸 해류입니다. 적도 남쪽과 북쪽에 따로 형성돼 방향은 같지만 별개인 두 흐름을 만들어냅니다. 무역풍은 무역할 때 이용하는 바람이라서 생긴 이름입니다. 동에서 서쪽으로 흐른 바닷물은 육지에 부딪혀 남하 혹은 북상했다가 반대 방향, 즉 서쪽에서 동쪽으로 흐릅니다. 서쪽에서 동쪽으로 흐르게 하는 힘은 편서풍입니다. 동쪽 땅에 도달한 해류가 다시 북상 또는 남하해서 적도해류와 만나게 됨으로써 해류의 순환이 완성됩니다(북대서양에서는 북쪽으로 바다가 열려 있어 해류 전체가 남하하지 않고 일부는 북극 쪽으로 더 치고 올라갑니다).

과거 인류가 배를 타고 이동할 때 이 바람을 이용했습니다. 크리

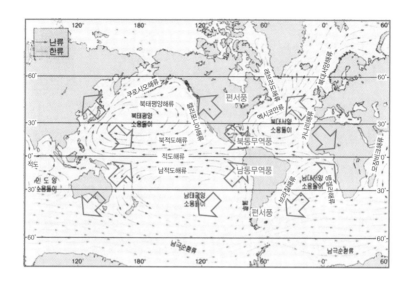

스토퍼 콜럼버스 등 유럽인들이 아메리카대륙을 탐사할 때 무역풍과
편서풍을 이용했습니다. 아메리카대륙으로 갈 때는 적도 부근 아프
리카까지 육지를 타고 남하해서 서진하는 해류를 탔고, 돌아올 때는
카리브 해에서 북상해 편서풍에 돛을 맡긴 것이지요. 남반구에서 일
어나는 엘니뇨·라니냐는 바람과 해류의 역학 관계 때문에 생긴 기
후 현상입니다. 인류는 아직도 이로 말미암은 이상기후로 곤경에 처
하곤 합니다.

유럽인들이 아메리카대륙을 방문하고 귀향할 때 멕시코만류(난류)
가 친구가 되어주었겠지요. 멕시코만류는 북아메리카의 끝자락에서
래브라도해류(한류)와 조우한 뒤 영국 쪽으로 북상합니다. 위도보다
영국 기온이 높은 이유입니다. 인간이 결코 상상할 수조차 없는 엄청

난 규모의 에너지를 나눠주는 멕시코만류는 영국엔 천혜(天惠)의 보일러인 셈입니다. 보일러를 저온으로 틀면 방이 추워지듯 멕시코만류가 일시적으로 약해지면 영국의 기온이 내려갑니다.

언젠가 국내 어느 일간지에 소빙하기에 관한 기사가 실린 적이 있습니다. 기사의 끄트머리에다가는 '소빙하기를 걱정한다는 건 지구온난화 우려가 크게 과장돼 있다는 이야기가 아닌가' 하는 식의 분석을 붙여놓았습니다.

더운 것과 차가운 것은 반대개념이긴 하지만 떨어져 있는 개념은 아닙니다. 지구온난화와 소빙하기는 서로 반대 진영에 속해 있지만 때로 원인과 결과로 묶일 수 있습니다. 일반의 논리와 달리 지구온난화가 소빙하기를 불러올 수도 있습니다. 영화 〈투모로우〉는 이런 생각이 구체적으로 어떻게 현실에서 구현될 수 있는지 보여줬습니다.

간단하게 구조를 설명하면 이렇습니다. 멕시코만류가 영국을 지나 북대서양 깊숙이 올라갈 수 있는 이유는 차가운 래브라도해류가 바다 밑으로 가라앉아 멕시코만류에 길을 터주기 때문입니다. 래브라도해류가 밑으로 내려가는 이유는 결빙 등의 이유로 바닷물의 비중(또는 염도)이 멕시코만류보다 더 크기 때문입니다. 지구온난화로 빙하가 녹아 그 물이 래브라도해류에 유입되면 래브라도해류의 비중이 작아집니다. 바닷물의 무게가 덜 나가니 덜 가라앉고, 그렇게 가라앉지 않게 되면 래브라도해류가 멕시코만류와 충돌하게 됩니다. 충돌로 생긴 벽 때문에 멕시코만류가 영국 쪽으로 올라가지 못합니다. 보일러가 꺼진 겁니다. 이후 지구 차원의 정상적인 순환이 점점 나빠지는 악순환 궤도에 접어들면 소빙하기가 도래하게 되지요.

실제로 1만 3,000년 전에 지금 설명한 경로로 소빙하기가 생긴 적이 있습니다. 그때 북미 지역 북동쪽에 커다란 담수호가 있었습니다. 담수호는 실제 담수호가 아니라 빙하가 댐 구실을 해 바다와 차단해 생긴 것이었습니다. 당시 기온이 올라가면서 빙하가 녹았고 저장돼 있던 막대한 민물이 북대서양으로 한꺼번에 쏟아져 들어갔습니다. 바닷물의 밀도가 갑자기 낮아지면서 해수 흐름이 막히고 빙하기가 왔습니다. 이 소빙하기로 지구는 1,000년 동안 얼어 있었습니다.

돈의 흐름도 비슷합니다. 바닷물이 주로 바람과 염도에 움직이듯이 돈은 수익률을 따라 흘러갑니다. 세계화의 진전에 따라 해류처럼 세계적인 돈의 흐름이 생겼습니다. 자본과 노동이 국경을 넘어서 자유롭게 이동하는 세계화 시대에는 국경이 없어진 덕에 돈이 참치처럼, 돌고래처럼 또 해류처럼 돌고 돕니다.

이 때문에 사회책임 투자(SRI; Social Responsible Investing)라는 주제는 크게 두 지평에서 바라봐야 합니다. 우선 한 경제권 내에서 돈이 흘러가는 방식과 관련해 봐야 하고, 또 하나는 세계화 때문에 돈 자체가 전 세계적으로 움직이므로 세계적인 흐름을 같이 파악해야 합니다.

사회책임 투자도 투자인 만큼 우선 투자에 대해 이야기해봅시다. 투자란 무엇일까요? 창을 던지면 투창(投槍)이고, 돈을 던져 넣으면 투자(投資)입니다. 영어 표현에서도 투자(Investment)의 '투(投)'에 해당하는 'In'이 있습니다.

다양한 투자가 있습니다. 흔히 투자수익률을 의식한 투자만 투자라고 생각할 수 있겠지만 정부가 공공 목적으로 시행한 투자도 투자입니다. 이때의 투자수익률(ROI; Return On Investment)는 '사회적(social) 투자수익률' 이라 할 수 있습니다. 정부의 복지 지출 같은 게 대표적입니다. 사회적 투자수익률은 사회적 회계 또는 공공 회계이며 영리 회계와는 다른 철학에 따라 측정되지만 기본적으로 수익률의 하나이며 공공 투자 또한 투자수익률을 의식할 수밖에 없습니다. 하지만 실제로 의식하는 투자수익률은 사회적 투자수익률보다는 '정치적(political) 투자수익률' 일 가능성이 큽니다. 사회적 투자수익률과 정치적 투자수익률의 간극을 줄이는 게 역설적으로 정치적 투자수익률을 높이는 첩경일 것입니다.

기업의 설비 투자를 제외하면 실생활에서 접하는 투자는 예금·적금·주식·채권·펀드 등의 개념을 떠올리게 합니다. 교과서에는 이런 경로를 통해 모인 돈이 기업에 들어가 경제를 돌리고 기업이 낸 세금은 정부를 움직일 수 있게 하며, 임금을 줘서 가계를 먹여 살린다고 나옵니다. 또 기업의 전방·후방 공급 체인에 있는 다른 기업들도 먹여 살리지요. 자금·자본의 순환입니다. 다만 요즘 대기업들은 자기들이 번 돈을 쌓아놓고 있다가 필요할 때 남의 도움 없이 투자하기 때문에 순환 구조에 끼어들 필요를 못 느낄 뿐입니다.

돈의 흐름에 생긴 이상 현상은 대기업에서뿐만은 아닙니다. 대기업이 돈을 쌓아놓고 버티자 불황 국면에 정부가 나서게 됩니다. 정부 지출은 경기를 조절하는 수준을 넘어서 전방위로 확대됩니다. 2008

년 이후 세계 각국에서 공통적으로 목격한 현상이지요.

서브프라임 사태 자체가 이상 현상에서 비롯한 재앙이었습니다. 금융 상품은 저수지의 물 유입구에 해당한다고 볼 수 있으며 저수지인 금융권은 저수량을 안정적으로 유지하면서 시의적절하게 논밭으로 물을 흘려주는 구실을 해야 합니다. 그런데 논밭으로 물을 안 보내고 다른 쪽으로 물꼬를 돌리기 시작했습니다. 대기업들이 굳이 금융권 돈을 쓸 필요를 못 느낀 탓도 있겠죠.

이때 논밭으로 물을 흘려보내는 대신 물을 가지고 별도로 장사하는 경향이 생겨납니다. 저수지의 물을 논밭이 아닌 다른 저수지로 이동시켜주면서 이익을 취한 게 말하자면 파생금융상품입니다. 이제 물은 저수지에서 저수지로 흐르게 되고 한 번씩 저수지를 옮겨갈 때마다 수익이 가상으로 발생합니다. 논밭에 물을 흘려주면 농작물을 수확해 물값을 대겠지만, 저수지끼리 이전하다보면 최종적으로 누가 물값을 댈지가 모호해집니다.

물론 극단적으로는 저수지에 있는 물고기를 잡아서 물값을 마련할 수도 있겠지요. 하지만 그런 아쉬운 해법마저 불가능해지게 됩니다. 저수지끼리 물을 유통하면서 일종의 통행세를 걷는 방식은 나중에는 실제 물을 흘리지 않고 흘릴 약속만으로 통행세를 취하는 방식으로 발전하게 되기 때문입니다.

원래 논밭에 농업용수를 공급하는 목적으로 존재한 저수지가 실제로 용수를 공급하지 않고 공급 태세를 확인하는 것으로 용수 공급을 대신한 것이지요. 금융의 자기 복제가 일어났다고 볼 수 있겠습니다.

전통적인 금융과 제조업에서는 동맥과 정맥처럼 돈이 돌아갑니다. 반도체가 산업의 쌀인 것처럼 금융은 제조업을 돌리기 위한 혈액 같은 존재였습니다. 하지만 이제 금융은 제조업 후원이란 굴레에서 벗어납니다. 점점 독자적인 영역을 확보하면서 금융과 제조업 간 거리는 급격히 멀어지게 됩니다.

이는 화폐의 발전 과정과 흡사합니다. 금이나 은 같은 귀금속을 '돈'으로 유통하다가 한참 지나 지폐가 등장합니다. 이때 중앙집권적인 정부의 확립과 관료제를 통한 사회통제 능력의 확보가 중요한 전제 조건이 되지요. 정부가 금의 지급을 보장하는 증서를 써준 게 지폐입니다. 물론 정부의 지급보증 없이 개별 은행들이 이런 역할을 수행한 적이 있지만 국가적인 현상이란 관점에서 보면 정부 혹은 중앙은행의 권위가 화폐를 성립시킨 기반이었습니다.

정부가 국민에게 금 1온스를 받은 뒤 보관증 성격으로 내어준 게 태환 화폐입니다. 즉 나중에 누구라도 35달러를 가지고 와서 바꿔달라고 하면 금 1온스를 내어주겠다는 약속이지요. 대다수 사람이 정부에 금을 맡기고 종이 쪼가리(보관증)만 갖고 다닙니다. 지폐 보유는 금을 가진 것과 동일한 효과를 기대할 수 있으니 사람들이 당연히 금 대신 (태환)지폐를 가지고 다니겠지요.

시간이 흐르면서 태환이 중지됩니다. 1971년 닉슨 미국 대통령이 전격적으로 태환 중단을 선언해버리지요. 브레턴우즈체제의 종언이었습니다. 제2차 세계대전이 끝나면서 성립된 자본주의권의 브레턴우즈체제는 슈퍼 파워 미국의 통화 달러를 중심에 둔 시스템입니다.

자본주의 진영의 국가들 가운데 미국의 달러만 금과 태환할 수 있도록 했습니다. 나머지 통화들은 태환을 포기합니다. 대신에 달러에다 자국 화폐를 연동시켜 '간접 태환'이 되도록 했습니다.

닉슨 대통령의 전격 발표로 지구 상에서 태환지폐는 종적을 감춥니다. 사실 공급 탄력성이 다른 두 상품(달러, 금)을 억지로 묶어놓겠다는 발상은 무리한 것이었습니다. 결별한 달러와 금이 재결합할 확률은 '0'입니다. 금을 내주겠다는 권위를 바탕으로 한 보증은, 권위를 바탕으로 한 숫자로 변모합니다. 본래의 연결은 멀어져도 한참 멀어졌습니다(그렇다면 그 권위가 어떤 권위냐에 따라 화폐는 한순간에 종이 조각으로 변신할 수도 있다는 얘기입니다).

금융과 제조업 간의 연결이 희박해진 것처럼 달러와 금 사이의 연결 또한 증발하고 맙니다. 마치 영화 〈아바타〉의 전개 과정과 흡사합니다. 아바타는 실존 인물의 표상에 불과했습니다. 하지만 나중에는 그 연결이 끊어져 아바타만 생존합니다.

아바타처럼 화폐화는 시뮬라시옹(simulation)으로 설명될 수 있습니다. 원본을 잃어버린, 혹은 도망친 이 복사본은 시뮬라크르(simulacre)로 불립니다. 지폐는 자본주의 사회에서 생성된 가장 대표적인 시뮬라크르입니다.

다시 파생금융상품으로 돌아가보겠습니다. 예금·적금·주식·채권 같은 것들을 기초 자산(underlying assets) 혹은 대상 자산이라고 합니다. 그리고 기초 자산에서 파생된 금융 상품이 파생금융상품입니다. 애초에 기초 자산과 파생금융상품 간에는 연결이 있었습니다.

그런데 파생금융상품이 스스로 복제를 반복하다가 자신의 출발점을 잊어버리게 됩니다. 기초 자산이 무엇이었는지 망각하게 됐다는 뜻이죠.

좀 잔인한 예로 설명하겠습니다. 실험용 원숭이 열 마리가 있습니다. 처음에는 원숭이들의 팔을 하나씩만 잘라서 다른 원숭이 몸에다 붙입니다. 다음에는 머리를 잘라내서 다른 원숭이 몸에다 붙입니다. 그다음 단계에서는 뭉쳐서 덩어리를 만든 후 개 열 마리를 만들어냅니다. 과격한 예를 들었습니다만, 마지막 형태에서 원래 모습을 상상하기란 불가능할 것입니다. 서브프라임 사태는 이렇게 만들어진 무수히 많은 괴물 개들이 세계를 휘젓고 다닌 것으로 해석될 수 있습니다.

괴물의 탄생은 정상적이고 건강한 흐름이 막혔을 때 일어났습니다. 사회책임 투자를 얘기하기에 앞서 먼저 건강한 돈의 흐름을 복원해야 한다는 대전제를 확인하는 게 중요하겠습니다. 세계적 규모로 확대된 자본시장, 금융시장에서 마구 뛰어다니는 괴물들을 적절히 제어하지 않는 한 사회 책임 투자는커녕 시장 자체를 지켜내지 못하게 될 것입니다.

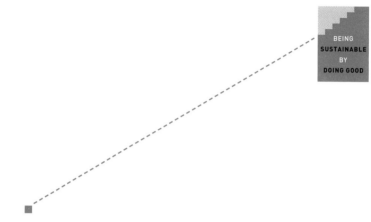

BEING
SUSTAINABLE
BY
DOING GOOD

'뜨거운 돈'과 '차가운 돈', SEE에서 ESG로

기업도 투자를 합니다. 어느 기업이 다른 회사 주식을 보유하고 있다면 두 가지 중 하나입니다. 우선 자금 활용 차원에서 수익률을 목적으로 주식을 사들일 수 있습니다. 반면 수익률은 중요하지 않고 투자한 회사의 경영권을 장악하거나 영향을 끼치는 데 목적을 둔 주식 매입이 있을 수 있습니다.

전자의 투자를 재무적 투자라고 합니다. 개미들과 (거의) 마찬가지로 돈을 벌기 위한 투자입니다. 반면 후자의 투자는 전략적 투자입니다. 어느 정도 이상 지분을 획득해서 경영에 참여하려는 것이지요. 두 가지 투자는 회계 처리 방법도 다릅니다. 특별히 보유 지분이 높을 때(전략적 투자일 때)는 주식 자체의 가치뿐만 아니라 투자 회사의 실적까지 반영하는 지분법 회계를 적용합니다. 후자의 극단적인 형태가 지주회사(Holding Company)입니다.

앞서 돈의 흐름은 수익률에 따라 생긴다고 했습니다. 맞는 얘기지만 전략적 투자일 때는 수익률을 산정하는 기준 기간이 재무적 투자보다 훨씬 더 길다고 봐야 합니다. 서브프라임 사태를 단순화하면 수익률의 역류로 줄줄이 저수지가 넘치고 댐이 붕괴한 것으로 해석할 수 있습니다.

세계적인 규모로 작동하는 돈의 흐름이 생기면서 과거보다 자본시장에 변수가 더 많아졌습니다. 자본시장의 대표적인 변수인 환율이란 통화 간의 교환 비율인데 원론적으로 특정 국가(경제권)의 경제 체질, 이른바 펀더멘털(fundamental)에 좌우됩니다. 하지만 펀더멘털과 꼭 일치하지 않는 환율 변동이 세계화한 금융시장에서 일어납니다. 1992년 조지 소로스의 퀀텀펀드가 당시 고평가돼 있던 영국 파운드화를 공격해 10억 달러가 넘는 떼돈을 번 사례나 1998년 동남아 금융 위기 등은 절대적으로 그렇다고 할 수는 없지만 펀더멘털이 문제라기보다는 머니게임이 문제였습니다.

조지 소로스의 투자는 분명히 전략적이었습니다. 공매도를 동원한 조지 소로스의 영국 침공이 그렇다고 우리가 말하는 전략적 투자는 아닙니다. 투자 대상도 주식이 아닌 외환이었습니다. 전략적 제휴, 전략적 파트너십 등에서 말하는 제휴·파트너십은 주식을 매개로 할 때가 많지요. 소로스의 파운드 공격은 단순히 거대한 투기였던 셈입니다.

조지 소로스의 투자는 재무적 이익을 극대화하기 위해 온갖 수단을 다 동원한 전략적 투기입니다. 이런 투기 자본을 통상 핫머니(hot money)라고 합니다. 원래 용어의 의미와는 많이 달라진 헤지 펀드는 핫머니와 동의어로 사용됩니다. 수익률을 조금이라도 더 높이기 위해서 수단과 방법을 가리지 않는 핫머니는 외환시장과 자본시장을 교란하는 사악한 미꾸라지들이란 비난을 받습니다.

해류에 난류와 한류가 있듯이 세계 금융시장에는 핫머니에 대칭되는 쿨머니(cool money)가 있습니다. 핫머니가 사악한 자본이라면, 쿨머니는 덜 사악한 자본입니다. '착한 자본'이라고 부르기도 하지만 일부에서는 자본에 '착한'이란 수식어를 붙이는 게 형용모순이라고 합니다. 취향에 따라 '착한'이나 '덜 사악한' 중에서 골라 쓰면 되겠습니다.

대체로 핫머니는 재무적 투자에, 쿨머니는 전략적 투자에 연관됩니다. 예컨대 외환은행의 대주주 론스타는 경영권을 장악했다는 측면에서는 전략적 투자이지만 은행업에 대한 관심 없이 그저 투자 이익만을 추구했다는 측면에서는 재무적 투자입니다. 퀀텀펀드와 크게 다르지 않습니다. 전략적 투기 자본이라고 분류해도 무방합니다.

반면 제일은행을 인수해 SC제일은행으로 바꿔놓은 스탠다드차타드는 은행 사업의 확대와 시너지를 추구했다는 측면에서 분명히 전략적 투자입니다. '먹튀'가 목적이 아니라 한국 내 은행 사업의 확장이 목적입니다.

'뜨거운' 돈이든, '차가운' 돈이든 돈은 돌아다닙니다. 돈의 이동을 초래한 가장 큰 힘은 무엇보다 수익률이겠지만, 이때의 수익률은 전통적인 의미의 수익률과는 다를 수 있습니다. 지금은 원본에서 이탈한 복사본이 자신을 재복제하듯 어떤 자본은 순환적 시뮬라시옹대로 자신을 스스로 굴리기도 합니다.

돈의 흐름이 매우 복잡해졌다는 뜻이지요. 하지만 간단히 이렇게 요약할 수 있겠습니다. 지금 세계 금융시장에서 자본의 흐름은 난류와 한류에 비견될 핫머니와 쿨머니가 있고, 세계 금융시장을 분석하기 어렵게 만드는 것은 물론 통제 불능으로까지 몰고 갈 수 있는 자본의 시뮬라시옹이 심화하고 있다고 말입니다.

자본의 시뮬라시옹이란 말은 자본의 결정적 해방 또는 자본의 자기 주도쯤으로 이해하면 되겠습니다. 이제 자본은 더는 인간에게 봉사하지 않습니다. 인간은커녕 시장에도 봉사하지 않음으로써 초월적 존재로 격상되고 있습니다. 자본주의에서 시장의 지배에서 벗어난 존재는 자본밖에 없는 것이 아닐까요?

이제 한 경제권 안으로 들어와 봅시다. 그전에 SRI의 간단한 역사부터 살펴보죠. 감리교 창시자인 존 웨슬리(John Wesley) 목사는 SRI 역사에서 꼭 거론됩니다. 웨슬리 목사는 막스 베버(Max Weber)의 《프로테스탄트 윤리와 자본주의 정신》에도 등장합니다.

웨슬리 목사는 1760년 '돈의 사용법(The use of money)'이라는 설교에서 SRI의 가장 기본적인 형태를 제시합니다.

"우리의 고귀한 생명이나 건강 혹은 정신을 해치는 방법을 통해 돈을 얻어서는 안 된다. 그러므로 우리는 어떠한 사악한 거래 행위에 참여하거나 그것을 계속해서는 안 된다. 사악한 거래에는 하나님의 원칙이나 국가의 법에 위반되는 모든 방법이 포함된다. …… 또한 이웃의 재산이나, 이웃의 신체 …… 그들의 영혼을 해쳐서도 안 되는 것이다."

— 러셀 스팍스, 《사회책임투자 세계적 혁명》

고전적인 SRI의 정의입니다. 자본주의가 막 태동하던 산업혁명기에 내려진 최초의 SRI에 관한 해석입니다. SRI에 관한 최초의 정의는 다분히 종교적이었고, 그런 종교적인 전통을 이어받은 세계 최초의 사회책임 뮤추얼펀드 '파이어니어 펀드(Pioneer Fund)'가 1928년에 출현합니다. 이 펀드는 주류·담배 회사에 대한 모든 투자를 금지했으나 그다지 큰 발자취를 남기지는 못했습니다.

1971년에 이르러서야 현대적 의미에서 최초의 사회책임 투자 뮤추얼펀드라고 할 수 있는 '팍스 월드 펀드(Pax World Funds)'가 성립됩니다. 주로 베트남전에서 돈을 버는 기업들을 투자 대상에서 배제하는 '반전 펀드'라고 할 수 있습니다.

이들이 SRI 펀드의 선구자들이죠. SRI는 사회적으로 책임 있게 투자하는 행위이고, SRI 펀드는 사회적으로 책임 있게 투자하기 위해 모은 돈입니다. "수익률이 같다면, 혹은 수익률이 낮더라도 지속 가능 경영이나 사회책임 경영이 이뤄지는 기업에 투자해 주세요"라는 펀드 가입자들의 요청이 있어야 하겠지요. 반대로 그런 조건을 내걸고 펀드 가입자들을 모을 수도 있겠습니다.

다시 정리하면, 투자할 때 기준은 수익률인데 SRI에서는, '그리고' 나 '또는'에 따라 달라질 수 있지만 수익률 외에 다른 요소들을 고려합니다. 한마디로 다른 요소는 투자 대상 기업이 사회책임을 제대로 이행하는 기업인가 하는 점입니다.

그러면 투자 대상은 어떻게 고를까요. 익숙한 용어를 빌리자면 재무 성과와 비재무 성과를 같이 봅니다. 그래서 SRI는 흔히 '투 트랙 어프로치(two track approach)' 방식을 채택하게 됩니다.

금융 당국에 가끔 영업정지를 당하는 저축은행 같은 곳에서는 투자 대상을 어떻게 선정할까요? 나름대로 원칙이 있었겠지만 비재무 성과에는 전혀 관심을 기울이지 않았을 것이라는 점은 장담할 수 있습니다. '투 트랙 어프로치'가 아닌 '원 트랙 어프로치'입니다. 원 트랙에서 투자 대상의 유일한 선별 기준은 수익률입니다. 영업정지는 이 원칙마저 지키지 않았기 때문일 것입니다.

SRI에서는 '배제'라는 기법을 많이 씁니다. 웨슬리 목사도 무엇 무엇을 하지 말라고 했습니다. 가장 오래된 SRI 기법이라 하겠습니다. 선별 과정을 거쳐 배제가 확정되는 투자 대상은 흔히 말하는 이른바 '죄악의 주식(sin stock)'입니다. 술·담배·매춘·도박 등과 관련된 산업이 대표적입니다. 여기에 해당하는 기업의 주식은 사지 말라는 게 SRI의 한 가지 모습입니다. 투자하지 않는 것도 투자지요.

투 트랙에서는 재무 성과와 비재무적인 성과를 동시에 고려하는데, 무엇을 먼저 고려할지 그 순서는 달라질 수 있습니다. 먼저 재무 성과가 우수한 기업들을 선정한 다음 그 가운데서 비재무 성과도 좋은 곳을 고르는 방법과 그 반대로 하는 방법이 있겠습니다. 어쨌든 '결승전(tie breaker)'이 열리게 되고 거기서 최종 투자 대상 기업이 결정됩니다.

선별 방법에는 네거티브(negative)와 포지티브(positive) 방식이 있습니다. 네거티브 방식은 간단히 말해 네거티브(배제 기업) 리스트를 만드는 겁니다. "매춘·담배·술·도박은 안 된다!" 반대로 포지티브는 쉽게 짐작할 수 있듯이 좋은 것을 골라내는 방법입니다.

네거티브 시스템, 포지티브 시스템은 SRI에서뿐 아니라 관세 체계 등 여기저기에 다 적용됩니다. 우스갯소리로 군대에서 얼차려를 줄 때는 네거티브 시스템일 가능성이 큽니다. 일부 열외를 빼고는 모두에게 제재를 가하는 것이지요. 군대와 달리 집단의식이 덜한 일반 사회에서는 아마도 잘못한 사람만 골라서 벌을 주게 되겠지요.

한 가지 유의할 것은 배제하든 선택하든 SRI에서 투자 대상을 고르는 기준이 웨슬리 목사가 있을 때와는 약간 달라졌다는 점입니다. 1999년 미국에서 시작된 다우존스 지속 가능 경영지수(DJSI, Dow Jones Sustainability Indexes)라는 우량 기업 주가지수가 있습니다. 지속 가능 경영이란 말에서 짐작하듯 지속 가능 기업을 선정해 지수에 편입하게 됩니다. 한국 기업들 가운데는 포스코 등 몇몇 회사들이 포함돼 있습니다. DJSI에는 특이하게도 주류 회사와 담배 회사가 들어 있습니다.

물론 DJSI는 SRI가 아닙니다. 하지만 지속 가능 경영 수준이 높은 기업들을 모아놓았다는 측면에서 보면 SRI와 전혀 상관없다고 할 수는 없습니다(본격적인 SRI 지수로는 에이미 도미니란 사람이 만든 '도미니 400 사회지수(Domini 400 Social Index)'가 대표적입니다).

DJSI에는 '던 힐'이란 담배로 유명한 BAT가 포함돼 있습니다. '죄악의 주식'이 지속 가능 경영 지수에 포함된 것을 어떻게 설명해야 할까요? 이때 동원되는 이론이 '베스트 인 클래스(best-in-class)'입니다. '죄악의 주식' 가운데 그나마 가장 해악이 덜한 기업에 투자한다는 게 '베스트 인 클래스'입니다. 일종의 타협책인 셈입니다.

'죄악의 주식'이라는 이름이 붙었지만 주식이 거래된다는 사실은 해당 기업이 불법 사업을 펼치고 있지 않다는 이야기입니다. 뭉뚱그려서 전부 내치지 말고 '죄악의 주식' 중 어떤 것들은 SRI의 범주 안으로 끌어들여 '상대적으로' 잘한 기업에 돈이 흘러들어가게 유도하자는 발상입니다.

약간 모순된 행동 같지만 담배 회사가 청소년 금연 교육 캠페인을 진행하기도 합니다. 아무것도 안 하고 그냥 담배만 팔아서 돈 버는 담배 회사보다는 그래도 이런 행동이라도 하는 담배 회사가 조금 덜 나쁘다고 볼 수 있겠지요.

거의 동일한 맥락에서 SRI의 기준으로 ESG(Environmental, Social, Governance)가 확립됩니다. 환경·사회·거버넌스 측면을 살펴보겠다는 발상입니다. ESG 전에는 SEE(Social, Environmental, Ethical)라는 기준이 있었습니다. 사회와 환경, 윤리를 말합니다

윤리가 거버넌스로 바뀐 게 생각보다 큰 차이입니다. 윤리 경영 대 지속 가능 경영 또는 윤리 투자 대 사회책임 투자의 대립에서 왜

윤리란 말이 점점 입지를 잃고 있을까요? SRI에서 기본적으로 윤리적인 성격을 제외할 수는 없지만 웨슬리 목사가 주장한 윤리에 전적으로 의존할 수만은 없는 게 현실입니다. 대표적인 게 '베스트 인 클래스' 라는 투자이지요.

SEE를 기준으로 한 선별에서는 '베스트 인 클래스' 가 살아남을 수 없었겠지요. 윤리적 배제가 아닌 거버넌스에 의한 선택이 이뤄지기에 BAT 같은 회사가 DJSI에 포함될 수 있는 것입니다.

윤리(倫理)라는 말에서 윤(倫) 자는 사람 인(人) 변에 바퀴와 거의 같은 의미인 륜(侖)이 합쳐져 생성된 글자입니다. 윤리라는 것은 사람들이 살아가면서 만들어지는, 또는 세상사를 돌리는 어떤 규범이라고 해석될 수 있습니다. 사람들 사이에서 만들어진 것이다보니 사람들 간의 상호작용에 영향을 받을 수밖에 없습니다. 사람들 사이에서 만들어진 규범을 특정 인간이 주체적으로 지키기로 결단하는 게 윤리적인 행위라고 파악되겠지요.

물론 이론(異論)이 없지는 않겠지만 윤리 투자에서는 경영자 혹은 투자를 책임진 사람의 윤리적인 판단에 호소하는 경향이 드러납니다. 개인적 또는 실존적 결단이 우선할 수밖에 없습니다. 이 때문에 종교와 비슷할 수밖에 없고, SRI 초기에는 감리교회가 제시하는 종교적인 신념이 투자 원칙으로 작동하게 됩니다.

그런 투자 원칙은 종교를 같이 하는 사람들에게는 어떤 식으로든 통용될 수 있겠지만, 국가 · 종교를 넘어서 보편적인 투자 윤리를 풀어내기는 용이하지 않습니다. 윤리라는 말 자체가 지닌 모호성 때문이지요. 윤리를 투자 지표로 구체화하는 데에도 한계가 있습니다.

또 최고경영자 · 투자결정책임자 등의 능력과 도덕적 자질이 우선시되기 때문에 부득불 '개인'으로 환원되는 측면이 있습니다. 조직이나 시스템이 아닌 개인에 의존하는 윤리 투자는 지속성을 담보하기가 쉽지 않습니다. 그런 연유로 윤리란 말이 투자 기준에서 사라졌습니다. 결국 환경 · 사회성과가 뛰어나면서 좋은 거버넌스를 가진 기업에 투자하자는 쪽으로 논의가 수렴돼 SEE가 ESG로 전환됩니다.

거버넌스는 통상 지배 구조라는 말로 많이 번역됩니다. 협치, 공치 등 다른 시도가 없지는 않았으나 번역어로는 지배 구조가 다수의 지지를 받는 듯합니다. 하지만 지배 구조란 번역어마저도 의미가 협소해진다는 지적에 따라 거버넌스란 말을 그대로 쓰는 경향이 강해지고 있습니다.

거버넌스는 기업이 전반적으로 운영되는 총체적인 시스템 같은 것인데, 자주 투명성이나 공정성과 연관지어 설명됩니다. 자본시장에 공시를 잘하고 있는지, 회사 조직이나 직무와 관련된 내부 통제, 상호견제와 감시 같은 게 적정한 수준으로 이루어지고 있는지를 따져보자는 게 거버넌스 이슈입니다. 거버넌스는 논란이 많은 개념이어서 시스템의 일종으로 받아들여도 괜찮겠습니다.

기업이 굴러가는 총체적 시스템인 거버넌스가 좋은 기업은, 사람으로 치면 일단 믿음직하다는 이상을 주는 기업입니다. 그렇디면 '좋다'는 판단은 어떻게 내릴 수 있을까요? 의사 결정이 공정하고 투명하게 이뤄지고 소통의 총량이 많을수록 거버넌스가 좋을 가능성이 큽니다.

하지만 이런 잣대를 기계적으로 적용하는 건 곤란합니다. 자본시장에 기업을 공개하고 상장하는 행위는 대체로 거버넌스에 긍정적인 영향을 끼칠 수 있지만 아닐 수도 있습니다. 예를 들어 미국에 본사를 둔 다국적 네트워크마케팅 기업 '암웨이'는 비상장사입니다. 거의 가족 기업이나 다름없지요. 그렇다면 암웨이의 거버넌스에는 문제가 있을까요?

일단 비상장사보다는 상장사가 유리할 확률이 높지만 절대적인 것은 아닙니다. 암웨이 같은 기업에는 무수히 많은 사업자가 있습니다. 영업 사원이 소비자와 결합한 특이한 형태로 말이지요. 사업자들은 피고용인 신분에 머물지 않고(고용되지 않았기에 현실적으로 그럴 수도 없겠지만) 기업 경영에도 적극적으로 영향을 끼칩니다. 사업자들은 사실상 주주와 비슷한 역할을 합니다. 기업공개를 하지 않아도 내부의 감시·감독 시스템이 작동하고 있다고 봐야 합니다.

따라서 암웨이 같은 회사에 대해서는 고용, 영업 조직의 특성상 꼭 상장이 비상장보다 우월하다고 판단할 수 없습니다. 일반적으로 공정성·투명성을 높이는 데 도움이 되는 것으로 간주되는 경영 제도·시스템이 존재하긴 하지만 회사 특성에 따라 좋은 거버넌스는 다른 모양을 취할 수 있다는 얘기입니다.

삼성의 거버넌스에 관해서 논란이 많습니다. 아직은 비판적인 의견이 우세한 편입니다. 하지만 워낙 거대 기업이고 경영 성과가 좋아서 비판의 예봉을 피할 수 있었습니다.

재벌의 소유 구조와 거버넌스는 어느 정도 연관이 없을 수 없습니다. 한때 논란이 된 게 순환 출자를 지주회사제로 바꿔야 하느냐 마느냐 하는 것이었습니다. 삼성처럼 순환 출자한 재벌의 문제점은 한 기업의 부실이 전체의 부실로 연결될 우려가 크다는 것입니다. 그러니 순환 출자를 없애고 지주회사로 바꾸라는 압력이 가해지기도 했습니다. 지주회사제에서는 자회사의 부실이 모회사에 영향을 끼칠 수는 있겠지만 자회사끼리는 상호 영향이 덜하고 또 다른 자회사를 통해 모기업에 미치는 부정적인 영향을 상쇄할 수 있습니다. 피해 확산 정도가 적다는 논리입니다.

하지만 어느 한 쪽 모델이 다른 쪽보다 더 우월하다고 단정하기는 어렵습니다. 지주회사제가 절대선은 아니며, 순환 출자제 또한 절대악이 아닙니다. 순환 출자를 해소할 때 전환 비용 등 현실적인 여건도 고려해야 합니다. 지주회사 형태를 취할지 순환 출자 구조를 유지할지는 기업들이 스스로 알아서 선택할 문제라고 봅니다. 물론 전제 조건이 있어야 하겠지요. 소유 구조 논란에서 해방해주는 대신 거버넌스나 운영 관행에서 과감하고 혁신적인 개선이 이뤄져야 합니다. 정경유착 등 과거의 잘못에 대해서는 사실상 추궁할 방법이 없으므로 현재 시점에서 좋은 거버넌스를 구축해 공정하고 투명하게 경영하는 것을 전제로 과거는 면책하는 게 적정하지 않을까 합니다.

기업 경영뿐 아니라 SRI에서도 거버넌스는 핵심 지표입니다. SEE에서 ESG로 바뀐 데는 다 이유가 있습니다. 국내의 대표적인 지속 가능성 측정 지표로 '지속 가능 사회를 위한 경제연구소(ERISS)'가 매년 분야별로 발표하는 지속 가능 지수는 당연히 거버넌스 부문 평가를 포함합니다. 공시, 이사회, 사외이사 추천 과정, 최고경영자 선임과정 등의 공정성과 투명성을 측정해 점수로 반영하고 있습니다.

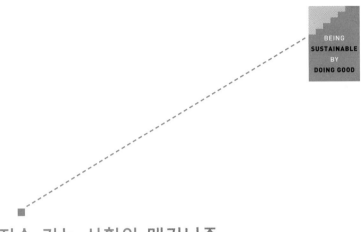

BEING
SUSTAINABLE
BY
DOING GOOD

지속 가능 사회의 메커니즘

이제 다시 큰 그림으로 넘어갑시다. 한 가지 보텀 라인이 아니라 세 가지 보텀 라인, 즉 경제·환경·사회 성과를 균형 있게 추구하는 경영 방침을 지속 가능 경영이라고 했습니다. 이해관계자를 경영의 중심에 놓는 사회책임 경영은 지속 가능 경영의 동의어입니다. 자본 시장에서 기왕이면 지속 가능 경영을 하는 기업에 투자하자는 게 SRI입니다. 당연히 선별 과정에 ESG를 살펴보겠죠.

소비자들 또한 기왕이면 지속 가능 경영을 하는 기업의 상품을 사자고 하는 게 사회책임 소비입니다. 윤리적 소비, 지속 가능 소비라고도 합니다. 조금 더 비싸더라도, 아니면 같은 값이면 CSR을 잘 이행하는 기업의 제품을 사겠다는 생각입니다. 해외시장에서 물건을 사올 때 생산자의 생계비를 보장해주는 공정한 가격을 주고 사오겠

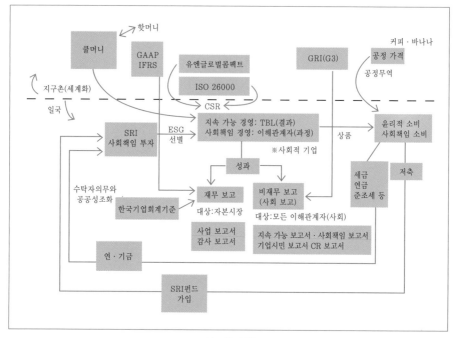

지속 가능 사회

다는 소비자 운동이 공정무역입니다. 우리나라에서는 커피 같은 게 대표적입니다. 인과관계의 순서가 달라지기는 하지만 사회책임 소비나 공정무역은 같은 흐름으로 파악됩니다.

소비자들은 소비하고 남은 돈을 저축합니다. 요즘은 저축을 대신해 펀드에 많이 가입합니다. 펀드에 가입할 때 SRI 펀드를 찾을 수 있습니다. SRI에 필요한 재원이 이렇게 조달됩니다. 세금이나 연금 등을 기반으로 공공 부문에서 SRI 쪽으로 돈을 공급할 수도 있습니다. SRI의 재원은 기업 쪽보다는 가계와 특히 공공 부문에서 발견될 확률이 더 높습니다. 우리나라의 국민연금(관리공단)이나 미국의 캘리포니아 공무원퇴직연금(CalPERS)이 대표적입니다.

국민연금 등이 SRI에 뛰어들 때 '수탁자 의무'라는 논쟁이 불거질 수 있습니다. 수탁자 의무의 골간은 당연히 높은 수익률의 달성이겠지요. 국민에게 오랫동안 많은 금액의 연금을 지급할 수 있도록 안정적으로 최대한 높은 수익률을 올려야 하다보니 국민연금 등의 자산 운용 규칙은 엄격하고 보수적일 수밖에 없습니다. 따라서 기탁한 사람의 재산을 잘 보존하는 것과 가능한 범위 내에서 높은 수익률을 추구하는 수탁자 의무는 상황에 따라 SRI와 상충할 수 있습니다.

국민연금이 전통적인 투자 방식, 그러니까 재무적인 성과만을 기준으로 삼는 투자를 했다고 칩니다. 예를 들어 카지노 업종인 강원랜드 주식을 많이 사들였습니다. 주가가 오른다고 기업이 꼭 돈을 많이 번다고 할 수는 없겠지만 대체로 비례관계에 있으며 서로 긍정적인 영향을 끼칩니다. 규제가 풀린다는 전제하에 우리나라 국민연금이 강원랜드의 증자에 참여해서 제주랜드, 경상랜드 등 도박 산업을 확장하는 데 결과론적으로 기여하는 상황을 상상해봅시다.

전국이 도박장으로 변하고 온 국민이 카지노를 즐기게 됐습니다. 사람들은 이제 만날 카지노판을 전전하며 술과 도박에 절어 살게 됩니다. 사회가 결딴날 지경입니다. 그렇다 해도 국민연금이 다른 주식을 샀을 때에 비해 더 높은 수익률을 기록하고 있다면 원론적으로 수탁자 의무에 어긋나는 것은 아닙니다.

하지만 국민연금은 공공성이 강한 펀드입니다. 국민의 돈을 맡아서 운영하는 펀드인데 투자 행위로 공공성을 해친다면 내용상 수탁자 의무를 저버린 것입니다.

또 다른 상황 논리도 존재합니다. 전문직 종사자인 김철수 씨는 한 달에 100만 원씩 국민연금에 돈을 내고 있습니다. 김철수 씨가 연금 관리공단에서 보내온 실적표를 보고는 "국민연금이 잘 운영되고 있네"라고 말합니다. 그런데 아까와 같은 사연으로 강원랜드가 강원도에 머물지 않고 서울 연희동에 새로이 문을 열었습니다. 마침 김철수 회사 근처입니다. 김 씨는 심심풀이로 한두 번 카지노를 출입하다가 도박 중독증에 빠지게 됩니다. 알코올중독까지 겹쳐 한 손에 술, 한 손에 칩을 들고 거의 부랑자 신세로 전락합니다. 이미 회사에서도 쫓겨난 상태입니다.

생산적인 활동을 떠나 도박장 주위를 배회하는 김 씨는 소득이 없어서 다달이 내는 국민연금 납부금을 감당하지 못하게 됩니다. 만일 김철수 씨 같은 사람이 한 명이라면 그러려니 하겠지만 서울 한가운데 도박장을 열었으니, 한 명일 수가 없습니다. 수많은 사람이 생산적인 활동에서 물러나는 것은 물론 국민연금 자체를 내지 못하게 됩니다.

이른바 죄악의 주식에 투자했을 때는 초기에 높은 수익률을 실현할지 모르지만 장기적으로는 원금의 유입이 줄어들어 총자산의 감소가 예상됩니다. 사회 전체로 봤을 때는 국민연금의 투자 수익보다 더 많은 공공 지출이 발생할 수 있습니다. 노숙자나 알코올 중독자를 감당하는 복지 비용이 국민연금 투자 수익과 대비해 너무 과다해진, 배보다 배꼽이 더 커진 형국이지요.

공공 지출이 늘게 되면 종국에는 세금을 더 내야 합니다. 김철수 씨처럼 납세 능력이 없어진 사람들을 고려하면 도박장에 눈길 한 번 주지 않은 성실한 납세자들의 부담이 훨씬 더 불어납니다. 다른 사람 몫의 국민연금에 늘어난 세금까지 감당해야 합니다.

처음에는 수탁자 의무 때문에 재무적인 성과에 초점을 맞춰 투자하는 게 맞는다고 생각했는데, 이러한 비재무적 성과를 도외시한 투자는 자칫 공공 지출을 늘릴 수 있기 때문에 신중할 필요가 있다는 쪽으로 결론이 납니다. 국민연금 등 공공성이 강한 자본은 개별 재무제표뿐만 아니라 사회 전체의 비용·편익을 계산하며 운용하는 게 타당합니다.

2000년 7월 3일 영국이 국민연금 등에 SRI를 의무화한 데는 이런 배경이 있었습니다. 이에 따라 영국 자본시장의 약 3분의 1이 사회책임 투자 영향권에 들어오게 됩니다. 이날은 SRI가 투자의 주변부에서 중심부로 이동한 기념일입니다. 자본주의의 심장부인 바로 자본시장을 겨냥해 바꿔나가는 운동이기에 주류적인 흐름입니다. 몇몇 종교 단체에서 책임 투자 간판을 단 펀드 몇 개를 운용하는 것과는 전혀 다른 상황입니다. 이러한 흐름은 점점 더 세계적으로 확장되고 있습니다.

이로써 한 경제권 내에서 지속 가능 사회의 순환 구조가 완성됩니다. 그러나 선순환을 막는 또 다른 변수의 존재를 고려하지 않을 수 없습니다. 지난번에 살펴본 참치 분쟁과 마찬가지로 대외 변수를 고려하지 않을 수 없기 때문입니다.

우리나라도 영국처럼 연기금의 SRI를 의무화했다고 칩시다. 그렇게 되면 분명히 고무적일 것입니다. 하지만 걱정거리를 완전히 떨어낼 수는 없습니다. 아시다시피 우리나라 자본시장은 매우 개방적입니다. 우리 연기금이 강원랜드를 외면하는 사이 외국에서 유입된 핫머니들이 강원랜드에 투자합니다. 이후 상황은 앞서 든 극단적 예시처럼 사회적 비용이 급격히 증가할 것으로 예상됩니다. 이때는 강원랜드 투자 수익을 핫머니가 자기 나라로 가져가기 때문에 우리나라는 사회적 비용은 비용대로 물고 수익률은 수익률대로 잃게 됩니다.

수익률 외에 그 어떤 가치에도 주목하지 않는 핫머니의 발호는 우리나라에서 SRI 시장의 성장을 방해할 게 뻔합니다. 그렇다면 자본시장의 개방 수준을 낮추지 않으면서 일국 차원에서 이 문제에 대처할 방법은 무엇일까요? 답은 지속 가능 기업의 육성입니다. 일본은 해외에서 쿨머니를 많이 끌어들이기 위해 이미 오래전부터 지속 가능화 전략을 펴고 있습니다. '뭐, 연애를 피할 수 없다면 제대로 된 연애를 하자.' 이런 발상입니다. '제대로 된 연애'는 당연히 장기적인 관점에서 전략적으로 가치 투자를 하는 쿨머니의 유치입니다. 워렌 버핏으로 유명해진 가치 투자에다 사회책임이란 방향을 설정하면 SRI가 됩니다.

핫머니는 단기적인 기업 성과에 집착할 가능성이 큽니다. 미국 최고경영자들이 단기 성과에 목매는 것이나 같은 이치입니다. 핫머니의 운영원리는 '분기 자본주의(Quarterly Capitalism)'라는 미국식 자본주의 용어가 설명하듯 가치를 배제한 성과를 무조건적으로 극대화하는, 그것도 단기적인 관점에서 최상의 성과를 추구하는 것입니다. 중장기 투자를 선호하는 쿨머니가 우리나라에 투자한다면 아마도 우리나라의 대표적인 지속 가능 경영 기업들에다 하겠지요. 우리나라에 지속 가능 경영을 하는 기업들이 많아지면 쿨머니 때문에 우리나라 자본시장이 건실해집니다. 당장 변동성이 줄어드는 것만 해도 큰 소득입니다. 어차피 세계 금융시장에 노출되어 있기 때문에 국내 연기금의 SRI 원칙이 관철되고, 우리 자본시장 내에 '착한 펀드'들이 확산해 점진적으로 지속 가능 경영을 촉진한다면 외국에서 쿨머니가 유입돼 우리 자본시장은 안정적으로 견실한 성장을 구가할 수 있습니다. 투기 자본 규제나 자본시장 출입 문턱을 다시 쌓는 등 오랜 토론과 제도 개선이 필요한 해법을 제외하면 현실적으로 이상적인 자본시장의 모습이라고 할 수 있겠습니다.

답답한 점은 정작 문제가 많은 핫머니에 대해서는 어찌해볼 방도가 마땅치 않다는 것이지요. 개별 국가는 국가대로, 세계 금융시장은 그들대로 핫머니를 어떻게 통제할 수 있을 것인가 고민은 많이 하고 있지만 해답을 찾아내지는 못하고 있습니다.

세계를 마구 휘젓고 다니는 핫머니는 그리스 신화의 미노타우로스를 연상시킵니다. 몸은 인간이며 머리와 꼬리는 황소인 괴물 미노타우로스는 여러모로 상징적입니다. 크레타 왕 미노스의 아내 파시파에가 황소에 욕정을 품고, 그 황소를 유혹해 낳은 자식이 미노타우로스입니다. 미로 속에 갇힌 미노타우로스는 제물로 바쳐진 인간 소

뉴욕 월가에 있는 황소 동상

년·소녀들을 잡아먹다가 아테네의 영웅 테세우스에게 죽음을 당합니다. 뉴욕 월가나 서울 여의도에 황소 동상이 있다는 사실을 신화와 연결 지어 생각하면 흥미롭습니다.

핫머니 통제에 관해서는 크게 두 가지 방향에서 논의가 진행되고 있습니다. 미국의 서브프라임 사태 이후 열린 G20 회의 등에서도 강력하지는 않지만 꾸준하게 논의가 이루어졌습니다. 핫머니를 제어하지 못하면 건실한 나라도 한순간에 망할 수 있기 때문입니다. 자본시장의 자유화 정도에 따라 또는 핫머니 세력의 이심전심 수준에 따라 얼마든지 가능한 일입니다.

투기적 자본 거래에 세금을 물리자는 토빈세 구상은 누가 고양이 목에 방울을 달 것이냐는 쟁점으로 오랫동안 탁상공론 취급을 받았지만 서브프라임 사태 이후 다시 주목받고 있는 듯합니다. 노벨 경제학상 수상자인 제임스 토빈(James Tobin)이란 경제학자가 1978년에 처음 주장한 토빈세는 쿨머니 말고 핫머니만을 혼내주자는 설계입니다. 투기적 거래에 세금을 물리면 아무래도 단기 투자가 줄어들고 중장기 투자가 늘어나겠지요.

내는 세금만큼 수익률이 떨어지기 때문에 어느 나라든 토빈세를 부과하기가 쉽지 않다는 게 정설이었습니다. 토빈세를 도입한 나라와 도입하지 않은 나라 간에 차이가 생기겠죠. 토빈세 도입이 그 나라에 자본 유출을 불러올 수 있기 때문입니다. 하지만 지금은 토빈세 도입을 실제로 검토하는 나라들이 생겨나고 있습니다. 자본 유치보다 자본시장 안정이 훨씬 더 우선한 과제라고 생각하기 때문입니다. 자본 유치로 얻는 이득보다 (투기) 자본의 전횡에 따른 (사회·경제적) 손실이 더 크다고 판단했기 때문이기도 합니다.

토빈세는 간단하지만 재미있는 발상입니다. 방법은 다르지만 '카피레프트' 와 문제의식은 비슷합니다. '카피라이트' 는 저작권을 보호합니다. 카피라이트에서는 윈도 같은 운영체제(OS)나 소프트웨어를 돈 주고 사라고 합니다. 그런데 디지털 시대에서는 한 번 제품을 개발하면 판매할 사본을 만드는 데 거의 돈이 들지 않습니다. 제조업과 결정적으로 다른 점입니다. 개발비는 인정해주어야겠지만 단순 복제비를 과다하게 책정해 불로소득을 너무 많이 받아 챙긴다는 비난이 마이크로소프트에 쏟아졌습니다.

이에 반해 같은 OS이지만 리눅스는 "함께 나눠쓰자" 며 마이크로소프트와 정반대로 카피레프트의 길을 걸었습니다. 핫머니를 규제하는 방식에서 토빈세는 카피레프트와 정반대로 세금을 물리자고 주장합니다. 반대 관점처럼 보이지만 같은 견지에 서 있습니다. 토빈세에서 거둬들이는 세금은 공공의 이익을 위해 사용되는 반면 카피라이트에서 거둬들이는 저작권료는 사적인 이익으로 귀속되니까요. 편이 다른 것이지요.

토빈세 구상이 실효성을 거두는 최고의 방법은 세계 대다수 국가에서 '동시에' 이 제도를 도입해 시행하는 것입니다. 토빈세가 있는 나라에서 없는 나라로 도망치는 자본의 퇴로를 차단할 수 있어야 합니다. 물론 지금도 카리브 해를 중심으로 조세 회피지역(Tax haven)이 있어서 세금을 내지 않거나 덜 낼 목적으로 이곳에 유령 회사를 세우기도 합니다.

조세 회피지역에서는 법인 등의 소득에 관한 세금을 면제해주거나 깎아주지만 토빈세는 자본 거래에 세금을 물리는 방식이어서 기존의 조세 피난과 같은 편법이 통하지 않습니다. 토빈세가 시행되고 있는 시장에서 토빈세를 피하려면 조직 폭력배나 범죄 집단처럼 음성적으로 거래하거나, 아니면 아예 그 시장을 떠나는 방법밖에 없습니다.

반면 세계 대다수 국가에서 동시에 토빈세를 도입하지 않고 부분적으로 또 시차를 두고 시행한다면 대규모 자본 이동을 쉽게 예상할 수 있겠지요. 물론 토빈세 강도와 도입 국가의 자본 수익률·금리·환율 등이 복합적으로 작용하기에 서브프라임 사태 때 아이슬란드에서 목격한 것과 같은 '쓰나미성 썰물'이 온다고 단정할 수는 없습니다. 오히려 예상과 달리 다른 요인이 작용한다면 토빈세 도입 국가에 반대로 자본 유입이 일어날 수도 있겠지요. 어쨌든 토빈세가 변화를 일으키리라는 점은 확실합니다. 변화는 불확정성을 의미하기에 당국자는 "나 말고 다음 책임자가 결정하라"고 결정을 떠넘길 공산이 큽니다.

핫머니를 통제할 수 있는 또 다른 방법은 국제 공조입니다. 국제 공조 가운데서도 세계 금융감독청 설립 구상이 G20 회의에서 논의된 적이 있습니다. 노동조합 운동에서 산별 노조의 등장에 비견될 수 있겠네요. 세계 금융감독청과 개별 국가의 금융 감독기관 간에 권한과 역할을 어떻게 나누느냐를 두고 합의가 이뤄질 수 없으므로 이 구상은 일종의 사상누각이라 할 수 있습니다. 세계화 시대에 시장은 국경을 넘어 세계적 범위로 확장됐지만 인간의 삶과 정치·사회는 개별 국가에 머무르기에 생기는 근원적 갈등 중 하나입니다.

개별 금융 감독기관들 사이에 국제 공조를 강화하는 한편 공조의 효율을 높이기 위한 단순 협의체 성격의 '국제 금융감독 공조기구' 정도는 노력 여하에 따라 햇빛을 볼 수 있을지도 모릅니다.

착한 돈, 즉 쿨머니와 관련된 논의는 이렇게 정리할 수 있겠습니다. 우선 SRI를 국내에서 활성화하면서 동시에 지속 가능 기업을 많이 만들고 연기금에 SRI를 관철해나가는 것입니다. 즉 자본주의를 따뜻하게 만드는 운동을 체계적이고 광범위하게 또 강도 높게 진행해나가면 우리 사회에 지속 가능 기업들이 더 늘어날 것이고, 이에 따라 해외에서 착한 돈이 국내에 많이 유입돼 우리나라에 쿨머니가 넘쳐나게 될 것입니다. 그 돈이 우리나라의 국부를 늘리는 데 기여하는 선순환을 정착시켜야 합니다.

위험 요소인 핫머니에 대해서는 한정된 범위 내에서 대안을 검토할 수 있겠습니다. 통제 불능은 근본적으로는 우리나라가 자본시장을 자유화했기 때문인데, 자유화를 세련된 방식으로 재검토할 수 없는지 연구해봐야 합니다. 느닷없이 문을 걸어 잠글 수는 없고 현실적으로 가능하지 않기 때문에 서서히 자유화 수위를 낮추자는 생각입니다. 지금의 자유화 수위는 사실상 만수위이기 때문에 언제든지 범람해 홍수를 일으킬 수 있습니다.

외환 거래와 관련해서는 달러 위주로 형성된 거래 경로를 유로·위안·엔 등으로 다변화하는 게 현실적으로 어떤 이득이 있는지 따져보고 경로 위험을 낮추는 방안을 검토해야 합니다. 투기적 거래에 과세하는 토빈세처럼 직접적이고 효과적인 규제의 도입을 신중하게 고려해볼 필요가 있습니다. 아울러 세계적인 금융 공조를 강화하는 방안에도 관심을 기울여야 합니다. 금융 감독 차원의 국제 공조뿐 아니라 외환 위기에 대한 공조에도 주목해야 할 때입니다.

서브프라임 사태 이후 한국은행이 적극적으로 진행한 통화스와프는 물론 장기적으로는 아시아 통화 위기 이후 검토됐다가 사실상 좌초된 아시아통화기금 설립 같은 거시적 안전장치 마련의 실효성 역시 파악해야 하겠습니다.

영미 쪽에서 SRI가 상대적 강세를 보인 현상은 역사의 역설입니다. 유럽은 지속 가능 경영·사회책임 경영의 뿌리가 영미에 비해 깊다고 할 수 있습니다. 미국과 영국에서 주주 중심주의가 발전했지만 유럽에서는 오래전부터 이해관계자 중심주의의 역사가 발전해왔기 때문입니다.

하지만 유럽의 전통적인 가톨릭 국가들에서는 대체로 이윤 추구 또는 노골적 세속화에 상당히 소극적입니다. 전통적으로 가톨릭 교리가 지배하는 지역에서는 하느님을 믿으면서 이윤을 추구하고 돈을 버는 것에 집착하는 태도를 부끄러운 것으로 여겼습니다. 영미 지역에서 돈을 버는 것을 교리에 배치되지 않는다고 본 것과는 반대 경향입니다.

역사에서 보듯 자본주의에 대한 종교적 정당화의 차이는 두 지역 간 자본주의 발전 속도에 영향을 끼치게 됩니다. 돈 버는 일이 종교적인 신념과 일치한다는 사회 분위기가 형성됐기에 역설적으로 윤리 투자라는 개념이 영미에서 먼저 생겨났을 수 있습니다. 간단히 말해 돈놀이가 사회적으로 익숙해지면서 돈놀이의 폐해가 점차 늘어났을 것이고, 그에 따른 반성이 먼저 나왔다는 이야기입니다. 참치잡이가 발달하지 않았다면 돌고래의 부수적 피해는 일어나지 않았을 것이고, 따라서 참치 불매운동이나 '돌고래 보호' 라벨링이 없었을 것이란 가정과 마찬가지 논리라 할 수 있겠습니다.

정보기술(IT)의 발달은 자본에게 날개를 달아주는 폐해를 유발했지만 역설적으로 소비자에겐 무기를 쥐여주고 있다. 소비자의 힘은 구매 또는 불매다. 그동안 소비자는 마케팅의 대상으로만 존재했다. 대상화는 소외를 의미한다. 경제의 건강한 순환에서 배제돼 있었다는 뜻이다. 배제는 당장 기업과 소비자 간 힘의 비대칭에서 비롯했다. 비대칭을 극복하기 위해 소비자들이 단결하기도 했지만, 소비자의 권능을 보여주는 가장 중요한 순간에는 개별 소비자로 기업과 맞설 수밖에 없었다. 이때의 소비자는 고독하며, '호모 이코노미쿠스'적인 감성을 체화할 것을 강요당한다. 이제 소비자는 IT의 발달로 정보의 비대칭을 넘어설 수 있게 됐다. 많은 정보를 수용할 능력을 갖춤에 따라 기업들에 더 많은 정보를 내어놓으라고 요구하고, 나아가 만국의 소비자들이 단결할 수 있게 됐다.

chapter 6

착한 교환은 사회를 바꾼다

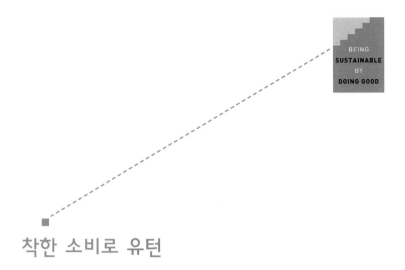

BEING
SUSTAINABLE
BY
DOING GOOD

착한 소비로 유턴

지금까지 기업과 돈에 대해 머리 아픈 얘기를 나누었습니다. 이제는 소비에 관한 얘기입니다. 그런데 윤리적 소비, 착한 소비는 생각보다 어려운 주제입니다. 이 책에서 다루는 주제 중에서 어찌 보면 대중적으로 제일 친숙한 것인데도 말입니다.

지속 가능 사회의 메커니즘에서 살펴보았듯 지속 가능 기업의 제품을 적극적으로 구매하는 사회책임 소비, 지속 가능한 소비, 윤리적 소비 또는 착한 소비는 지속 가능 사회의 선순환에서 중요한 기능을 수행합니다. 그러나 착한 소비가 지닌 한계는 이것이 본질적으로 정치 행위라는 데 있습니다. 원론 차원에서는 모든 경제 행위가 정치 행위지만 상식 차원에서도 착한 소비는 정치에 더 가깝습니다. 반면 정치 문제기 때문에 상대적으로 누구나 쉽게 판단해서 어렵지 않게 참여할 수 있다는 장점도 있습니다.

착한 소비는 상품의 이면(裏面) 또는 상품화 이전 과정에 주목합니다. 사람으로 치면 연좌제 같은 겁니다. "같은 상품이라도 과거가 불미스러운 상품은 이제 사랑하지 않아요"라는 연좌제입니다. 제품을 제품으로만 보지 않고 제품이 출시된 과정, 제품 출생의 비밀까지 따져보겠다는 자세입니다. 사람에 빗대면 사람을 그 사람만으로 사랑하지 않고 신분과 조건을 따져 판단하는 상당히 계산적인(?) 행태라고 할 수 있겠네요.

상품화에 이르기까지 전 과정에서 일어난 일을 모두 기억하는 소비자와 상품이 만나는 시점에서 소비자가 나타내는 적극적인 행동은 크게 봐서 두 가지입니다. 적극적인 구매 또는 적극적인 불매입니다. 예컨대 정치 성향이 다른 특정 신문에 광고하는 기업들에 대한 불매운동도 착한 소비에 속할 수 있습니다. 지나치게 정치적이지 않으냐는 반론이 가능하지만 이미 언급했듯 착한 소비는 정치 행위입니다.

적극적으로 구매하든 적극적으로 불매하든 그 잣대가 윤리적인 판단인 만큼 다양한 형태가 가능합니다. 수차례 얘기했듯이 착한 소비는 지속 가능 경영을 잘하는 기업에 사회책임 투자로 돈을 몰아주고, 그 기업에서 나온 상품을 시장에서 적극적으로 구매함으로써 사회에 건전한 순환 구조를 만드는 틀에만 국한되지 않습니다. 정치적 판단이 개입하기 때문에 때로는 논쟁을 불러올 수 있습니다. 이런 논란은 대체로 불매에서 많이 야기됩니다.

착한 소비가 정치 행위라면 시장에서 형성된 가격을 덜 존중하는 경향이 예상됩니다. 그러나 불매와 달리 구매는 시장가격에 더 영향을 받는 것 같습니다. 우리나라 국민은 기업의 사회적 책임 이행에 대해서는 의무 사항으로 인식하는 비율이 높았지만, 기업의 사회적 책임을 이행하는 기업의 제품을 적극적으로 사겠다는 비율은 상대적으로 낮았습니다. 소비가 정치라는 관점에서 보면 우리나라 국민의 정치의식은 다른 나라에 비해 떨어지는 셈이지요.

선순환을 완결 짓고 가속하기 위해서는 적극적 구매층이 늘어나야 합니다. 같은 가격일 때는 물론 돈을 더 주고라도 사회책임 이행 기업의 제품을 사겠다는 소비자층이 두터워져야 지속 가능 경영을 촉진할 수 있습니다. 또한 과거에는 베트남전이나 아파르트헤이트(apartheid) 등 부정적인 사회현상에 연루된 기업의 제품을 사지 않는 불매운동이 주종을 이루었다면 요즘 착한 소비의 주요 축은 적극 구매입니다.

사회책임 투자와 사회책임 소비(착한 소비)는 같은 맥락으로 이해하면 됩니다. 돈을 넣느냐 물건을 쓰느냐의 차이입니다. 사회책임 투자에서도 초기에는 배제가 많았습니다. 베트남전에 네이팜탄을 공급하는 회사의 주식을 사지 않는 운동을 펼치는 등 착한 소비와 마찬가지로 거부에 초점을 맞췄습니다. 기본적인 틀은 똑같은데, 들어가느냐 나오느냐 이 차이이고 또 하나는 자본시장이냐 소비 시장이냐 하는 차이입니다. 자본시장에서는 행동이 훨씬 간단할 수 있습니다. 그냥 주식을 사면 됩니다(물론 살 주식을 고르는 과정은 복잡합니다).

반면 소비 시장에는 훨씬 더 광범위한 선택지가 놓여 있습니다. 자본주의 사회에서 거래되는 모든 상품은 값을 매길 수 있습니다. 소비자들은 돈을 내고 상품을 사고 또한 상품을 제조하는 기업의 가치도 (상장사라는 전제하에) 가격으로 환산할 수 있습니다. 그 가격은 자본시장에서 주가란 형태로 매겨집니다. 소비되기 전까지 기업이나 상품은 모두 자본의 한 형태들이며 예외 없이 숫자로 변환될 수 있습니다. 따라서 모든 상품(기업)이 구매 대상이 됩니다. 사회책임 투자는 숫자를 움직이기 때문에 더욱 위협적일 수 있습니다. 착한 소비가 사회책임 투자와 연결되면 훨씬 더 위력을 발휘할 수 있다는 뜻입니다.

"더 지불하고라도 사회책임을 다한 기업이 만든 제품을 사겠어요" 하는 태도는 앞서 살펴본 참치 분쟁에서도 나옵니다. 착한 기업이 착한 소비자와 만나려면 의사소통이 필요합니다. 지속 가능 경영 혹은 착한 경영을 했다는 사실을 사회에 알리려는 소통이 사회 보고(social reporting)이고 구체적인 작성기준이 GRI(G3)입니다. 그렇게 해서 나온 게 지속 가능 보고서, 사회책임 보고서, 기업시민 보고서 같은 것들이지요. 사회 보고라는 용어에서 짐작할 수 있듯이 이 보고는 소비자 집단만을 겨냥한 것은 아닙니다. 소비자·자본시장·노동자 등 사회 전체를 대상으로 합니다.

소비자로서는 소비 현장에 갔을 때 참고할 표시가 필요합니다. 참치 분쟁에서 등장한 '돌핀 세이프(dophin safe)' 같은 표시가 라벨링입니다. 라벨링, 인증, 이력 등 다양한 표시를 통해 소비자들이 착한 소비를 할 수 있게 정부·소비자단체 등에서 도와줍니다. 기업들이 스스로 성분이나 온실가스 배출량 등을 상품에 부착하기도 합니다. 소비자는 개별 소비자로 소비 현장에 서기 때문에 구매 판단을 내리는 데 도움이 되는 정보를 체계적으로 표시하는 게 착한 소비의 핵심적 사항입니다. 착한 소비가 총체적으로는 정치적 각성인 만큼 정보 파악을 넘어서 적극적 연대로 나아간다면 소비를 통한 사회 개선에 크게 기여할 것입니다. 소셜 네트워크 서비스(SNS; Social Network Service) 등 연대할 수단이 많다는 게 착한 소비에는 유리한 환경인 셈입니다.

이제 착한 소비의 논쟁적 주제인 유기 농산물에 관해 이야기해봅시다. 유기 농산물 구매는 착한 소비일까요? 유기 농산물을 둘러싼 본질적인 고민은 유기농 제품이 소득 수준이 높은 계층을 겨냥한다는 점입니다. 저소득 계층이 유기농 제품을 사 먹기는 어렵습니다. 농약을 안 치거나 적게 쳐서 생산량이 그만큼 줄어들면 결과적으로 단가가 더 높아질 수밖에 없으니 유기농 제품은 값이 비쌀 수밖에 없습니다. 사실 그동안 외부로 이전한 (사회적) 비용을 상품 내부로 도로 가져오려다보니 단가 상승은 피할 수 없습니다. 오히려 단가가 오른 유기 농산물 가격이 공정 가격에 근접한 것이라고 봐야겠지요.

가격 요인을 제외하면 유기농 식품은 소비자에게 절대선입니다. 반면 생산자로서는 선택의 문제입니다. 예를 들어 농약을 사용하면 배추의 생산량을 더 늘릴 수 있습니다. 생산량이 많다는 점은 대체로 소득을 높이는 데 유리합니다.

배추를 더 많이 생산할 수 있지만 그에 따른 환경문제가 발생할 겁니다. 작게는 오랜 기간 농약에 노출된 농민의 건강을 해칠 수 있고 크게는 토양과 하천의 오염으로 불특정 다수, 즉 국민 건강을 위협할 수 있습니다. 당연히 환경 · 건강 · 보건 등과 관련된 비용은 제품 가격에 포함돼 있지 않습니다. 전형적인 비용의 외부화입니다.

농약을 쓰지 않는 영농법은 문제의 소지를 사전에 차단하기에 (사회적) 비용이 유기농 생산비에 포함되게 됩니다. 그렇다면 농약 친 농산물에 관한 (사회적) 비용은 누가 부담할까요?

우선 식품 섭취 과정에서 농약을 체내로 흡수해 건강을 침해당하는 소비자가 몸으로 비용을 부담하겠지요. 계산되지 않지만 수명 단축 · 건강 악화 또한 소비자가 개별적으로 무는 비용입니다.

농약 남용은 농민의 건강을 해치고 다수 국민의 건강을 위협할 수 있습니다. 농산물 제품 가격을 낮게 유지한 비용을 처음에는 국민에게 이전할 수 있지만 시간이 지나면 결국 국가의 문제로 바뀌게 됩니다. 국민 건강 관련 예산집행이 늘어나고 하수처리 비용도 상승합니다. 이러한 환경 · 사회 비용을 국민이 부담할 것인지 국가가 부담할 것인지 하는 논란도 있을 수 있습니다. 세금과 예산 간의 함수 문제도 풀어야 할 것입니다.

재미있는 사실은 부의 이전과 달리 비용 전가에서는 딱히 이익을 보는 사람을 찾기 어렵다는 점입니다. 부의 이전에서는 자본가만 덕을 보지만, 비용 전가에서는 비용 부담 주체를 어떻게 결정하느냐가 문제입니다.

유기농 식품에서는 모든 비용이 제품 가격에 반영됐다고 한다면 소비자가 비용을 부담하는 셈법이 작동합니다. 높은 가격, 말하자면 공정 가격은 식품을 구매하는 부담이 커지기는 하지만 수익자부담

원칙에 부합하므로 가장 합리적이라고 할 수 있습니다.

농약으로 목욕한 농산물에 대해서는 비용이 외부화한 만큼 부담자가 늘어납니다. 소비자는 물론 포함될 것이고, 농민, 해당 농산물을 먹지 않는 국민, 정부 등 다양한 부담자가 있을 것으로 예상합니다. 국가가 부담 주체의 하나가 된다는 사실은 전 국민이 세금을 통해 간접적으로 비용 분담에 참여하고 있다는 얘기입니다. 배추 알레르기가 있는 사람까지도 배추 생산 과정에서 유발된 환경오염에 피해를 보고, 사회적 대처 비용을 마련하는 데 억지로 기여하느라 할 수 없이 세금을 더 내게 됩니다.

이것저것 따져볼수록 유기 농산물 구매는 착한 소비라고 할 수 있겠습니다. 수익자부담 원칙이 지켜지니 정의롭다고 볼 수도 있고요.

비용 측면이 아니라 소득 측면에서는 어떨까요? 언뜻 '농약 배추'와 비교해 유기농 배추는 판매 단가가 올라가니 생산자에게 유리하다고 볼 수 있겠습니다. 그러나 꼭 그렇다고 단정할 수도 없습니다. 생산 단가 또한 올랐기 때문에 배추 가격 상승이 생산자 소득 증가로 이어졌는지는 전후 사정을 따져봐야 합니다. 유기 농산물 생산 과정에는 아마도 더 많은 노동이 투입되었을 것이기에 노동 생산성도 더 높다고 단언할 수 없습니다.

유기농 수요가 개발되고 늘어나면 분명히 좋은 일이지만 과도적으로 생각보다 긴 그늘이 생길 수 있습니다. 농업 산업 재편에 따른 농산물 시장 양극화의 심화입니다. 지금도 농산물 시장에는 양극화가 존재합니다. 프리미엄급과 말하자면 '대충' 급이 있지요.

유기 농산물을 먹으면 자기 몸을 좋게 하고 가족을 좋게 하지만 동시에 돈을 더 내놓아야 합니다. 공정 가격을 지급한다는 측면에서 분명히 착한 소비입니다. 하지만 착한 소비가 가능한 계층은 결국 중산층 이상밖에는 없다는 게 딜레마입니다. 공정해지려면 가난해서는 안 된다는 역설이 발생합니다.

조금 더 착한 사회, 지속 가능한 사회, 진보적인 세상을 얘기할 때는 반드시 약하고 힘없는 소수자를 배려하려고 하는데, 유기농과 관련한 착한 소비에서는 이 틀이 잘 맞아떨어지지 않게 됩니다. 게다가 유기 농산물 시장 활성화는 농업 산업 재편을 촉진해 서민이 먹을 기존 농산물 산업의 위축을 부를 수 있습니다. 유기 농산물에 주목하다 보면 상대적으로 비유기 농산물 쪽에는 덜 엄격해질 수 있겠지요. 양극화 확대는 저가 농산물 쪽의 안전성 등 품질 저하로 이어질 가능성을 배제하지 못합니다.

유기 농산물과 저가 농산물로 농업이 재편되면서 저가 농산물 생산 자체가 줄어들 수도 있습니다. 저가 농산물 측에서는 품질 저하, 생산 감소, 가격 상승 등의 고민이 생길 수 있겠습니다. 시장 기능에 의지해 착한 소비로 유기 농업을 지원하면 취약 계층에 예기치 않은 어려움을 줄 수 있다는 개연성을 고려해야 합니다. 극단적인 유사 사례를 들면 바이오 연료의 등장으로 굶주리고 아사(餓死)하는 제3세계 민중의 숫자가 늘고 있다는 점입니다. 유기 농산물을 "먹느냐 태우느냐" 그것이 문제입니다.

어쩌면 당장은 유기농을 장려하는 것보다 전 국민을 대상으로 하는 농산물 관리 체계 같은 것에 더 많은 자원이 투입되도록 하는 게 합리적일지 모릅니다. 하지만 그것은 정책의 문제고 소비자로서는 당장 유기농을 원하기 때문에 서서히 '농약 배추'를 줄여가자는 논리는 먹히지 않겠지요. 유기농과 관련해 소비자가 무는 공정 가격이 꼭 공정 시장으로 연결된다고, 공정 사회에 닿는다고 장담하기도 어려우므로 논란은 가중됩니다.

결국 이 문제를 해결하기 위해서는 착한 소비가 더 정치적인 소비가 되는 수밖에 없어 보입니다. 착한 소비가 저가 농산물 쪽에 투입될 자원을 빼앗아올 우려가 있다면 소비에 그치지 말고 자원 포트폴리오에까지 적극적으로 개입해야 한다는 이야기입니다. 시장에서 수동적으로 소비하는 데 그치지 않고 (정치적으로) 각성한 소비자가 되어 유기농을 생산하는 주체가 누구인지를 적극적으로 파악해야 합니다.

유기 농산물 시장에서 착한 소비가 진정으로 착한 소비가 되는 현실적이고 강력한 방법은 소비자들이 착한 생산자들과 연대하는 것입니다. 유기농 시장은 성장 시장이고, 구매력이 높은 시장이기 때문에 거대 기업들이 진출해 있고 앞으로 더 들어올 것입니다. 소비자들은 시장 지배력이 큰 기업적 유기농이 아닌 지역 단위 농촌 생산자들과 손을 잡아야 합니다. 그래서 농민이 주체가 되고 소외 계층에 소득을 나눠주는 유기 농산물 생산협동조합 같은 곳에서 생산하는 농산물을 사는 것입니다.

그렇게 했을 때 그나마 착한 소비로 연결될 수 있습니다. 착한 소비의 정의가 지속 가능 사회를 만드는 데 일조하는 소비라면 말입니다. 유기농을 소비하는 것 자체만으로는 건강한 소비 정도로 이해하는 게 합당할 것 같습니다. 물론 건강한 소비도 충분히 의의가 있습니다.

물론 유기농에도 단점은 있지만 무작정 비난의 대상이 되어서는 안 됩니다. 유기농은 시대의 확고한 흐름입니다. 그리고 그 흐름이 약자를 배제하는 논리를 강화하는 데 이용되어서는 안 됩니다. 가장 현실적인 대안은 생산 주체가 누구인가를 검증해 기존 시장 참여자들이 아닌 시민사회에 근거를 둔 새로운 시장 참여자들을 양성하는 것입니다. 그러나 유기 농산물 구매로 착한 소비에 참여할 수 있는 계층이 특정돼 있다는 현실에서 불편함을 느끼는 사람들이 있습니다. 유기농 소비자가 부르주아라는 점 때문에 엄숙주의 진영의 비판은 언제나 현재진행형일 수밖에 없습니다.

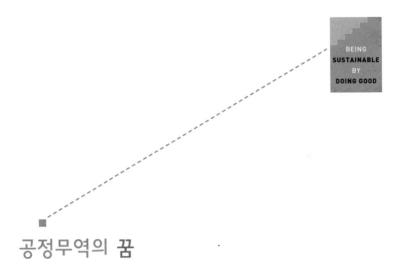

BEING
SUSTAINABLE
BY
DOING GOOD

공정무역의 꿈

무역과 관련해 경제학 교과서에 나오는 가장 유명한 이론은 데이비드 리카르도(David Ricardo)의 비교우위론입니다. 아주 단순해 보이지만 비교우위론은 많은 경제학자들에게서 천재적인 착상이라는 찬사를 받았습니다.

비교우위론을 간단하게 설명하면, 혼자서 필통과 연필을 동시에 만드는 것보다 둘이 나눠서 각각 필통과 연필을 만들어 서로 교환하는 게 양쪽 모두에게 더 큰 경제적 이익을 가져다준다는 견해입니다. 이때 어느 한 쪽이 필통과 연필 생산에 모두 절대우위에 있더라도 이 견해는 유효합니다. 어느 한 쪽은 필통에, 다른 한쪽은 연필에 각각 절대우위가 있다면 한 상품에 특화해 서로 교환하는 게 이익이라고 생각하기는 쉽지만, 리카르도는 절대우위가 없더라도 마찬가지로 특화와 교환이 상호 이익을 가능케 한다고 입증했습니다. 기회비용에 대한 이해가 있었기에 가능한 분석이었습니다.

특히 자유무역 옹호론자들에게 비교우위론은 성경이나 다름없습니다. '특화해 생산해서 교환하라. 그러면 모두 부를 얻을 것이다'는 복음 말입니다. 그렇지만 자유무역을 해도 가난한 나라는 계속 가난할 수밖에 없습니다. 비교우위에 기반을 둬 교역하면 서로 도움이 돼야 하는데, 현실은 왜 그렇지 않을까요?

애초에 출발점이 달라서, 출발점이 너무 멀면 따라잡을 수 없기 때문이라고 생각할 수도 있겠습니다. 하지만 우리나라의 압축적 경제 발전을 보면 이 논리는 적합하지 않아 보입니다. 대한민국의 1인당 국민소득이 100달러에서 벗어난 게 그리 오래전이 아닙니다. 우리나라는 따라잡았습니다. 우리나라와 아프리카 저개발국가 간의 차이는 무엇일까요? 이 문제에 대뜸 "우리에겐 박정희가 있었고 그들에겐 박정희가 없었다"고 간단하게 정리하려고 들 사람도 있겠습니다.

세계무역기구(WTO) 등 자유무역을 촉진하는 진영에서는 한결같이 무역을 통해 상호 발전이 일어난다고 주장합니다. 최소한 무역을 안 하는 것보다 이득이라는 논리를 펼 수도 있겠죠.

이 주장의 진위를 따지기에 앞서 비교우위론의 가정부터 살펴보겠습니다. 우선 리카르도는 비교우위론을 펴면서 '완전고용'을 가정합니다. 다음으로는 이른바 시장이 상품 가격을 자유롭게 결정한다고 봅니다.

천재적 착상인 비교우위론이 왜 현실과 동떨어져 있는지 알 법도 합니다. 당장 현실에서 볼 수 있듯 완전고용 상태는 교과서 말고는 어느 나라에도 존재하지 않습니다.

지금 우리나라의 실업률이 높다고 아우성이지만 과거와 비교하면 엄청나게 개선된 것입니다. 개발 연대 초기의 우리나라 실업률은 지금 아프리카나 중남미 빈국과 비슷했을 것입니다. 당시 직장이라고 해봐야 공무원, 은행원, 교사 등등이었습니다. 선진국과 빈국 사이에 교역이 이뤄지면 빈국에는 흔히 농산품을 중심으로 약탈적 가격이 적용됐습니다. 빈국에서 대규모로 상시 존재하는 산업 예비군은, 어떤 호가에도 거래에 응할 최저가 노동력의 존재를 뜻했고, 결국 상시적 가격 하락의 가능성을 열어두게 됩니다.

또 다른 핵심은 세계가 절대 평평하지가 않다는 사실입니다. 모든 거래에서 최종적으로 마주 대하는 건 언제나 두 사람입니다. 아프리카의 바나나 생산 농가와 다국적 농산물 판매회사 돌(Dole)의 구매 담당자 가운데 누가 더 우월적인 위치에 서게 될까요? 협상력의 차이는 누가 봐도 뻔합니다.

비교우위를 말하려면 동등한 당사자 간의 공평한 거래여야 합니다. 현실에서는 우열이 명확한 당사자 간에 약탈적 거래가 형성됩니다. 산업 예비군의 존재는 약탈적 가격을 수용할 완충 역할을 담당하고 협상력 차이는 대부분의 거래에서 다국적 기업들의 이익을 보장합니다. 전 세계 커피 생산 농가의 3분의 2가 극빈층이라는 추정은 자유무역 또는 비교우위론의 허상을 폭로하는 셈입니다.

제3세계 국가들이 커피 팔아 번 돈으로 제조업을 육성해 경제 발전을 이룩했어야 하는데 현실에서 그런 사례를 찾아보기란 좀처럼 쉽지 않습니다. 일반적인 자유무역 상태에서는 다국적 식품·농업 기업들이 전 세계에 산재한 각종 농산물 생산 농가들을 개인적이든 집합적이든 체계적으로 수탈했기 때문이겠지요. '수탈'이란 표현이 거북하다면 영국의 국제 구호단체 옥스팜(Oxfam)이 분석한 커피 한 잔의 가격 구성비를 살펴보는 것으로 충분할 것 같습니다. 커피 한 잔을 마실 때 제3세계 커피 생산 농가에 돌아가는 돈은 판매가의 0.5 퍼센트에 불과했습니다. 5퍼센트도 아닌 0.5퍼센트!

커피, 바나나 등의 농산물 시장은 사실 무역이란 틀로 분석하는 것 자체가 무의미할 수 있습니다. 커피와 바나나와 같은 세계 교역량이 큰 대표적인 농산물 시장은 다국적 기업이 지배하는 단일 시장이라고 보는 게 합당합니다. 철저하게 수요자 시장으로 유지돼 생산농가들은 끊임없는 저가 경쟁에 내몰리고, 커피 등을 재배하는 것 외에는 다른 대안이 없기에 울며 겨자먹기로 생산해 싸게라도 팔아야 합니다. 그 과정에서 빚을 지게 되면 그 빚을 갚기 위해서 더 싸게 파는 악순환이 반복되지요. 비교우위니 절대우위니 하는 개념은 쓸모없어진 지 오래입니다.

그렇다고 다국적 기업이 시장 질서를 흐린 것은 아닙니다. 다국적 기업들은 시장 설계에는 개입했을지 모르지만 오히려 시장 기능을 저해하는 어떤 움직임에도 반대합니다. 시장 활성화를 통해 제대로 시장가격이 형성되어야 그들에게 더 유리하기 때문입니다. 공급과잉 상태니 가격이 폭락하는 게 당연하고, 만성적 공급과잉이야말로 다국적 기업들이 원하는 바입니다.

이에 따라 제3세계에서 커피 등을 생산하는 농민들은 가난이란 악순환에서 헤어나지 못합니다. 끊임없이 일을 하지만 더 가난해지고 마는 것이지요. 더불어 해당 국가의 '경제 생태계'가 파괴됩니다. 예컨대 커피를 주력으로 다른 산업을 함께 육성했다면 다른 성장의 기회를 엿볼 수 있고, 하다못해 커피 심을 자리에 먹을거리라도 재배했으면 굶주리지는 않았을 것입니다. 제3세계 농민은 세계경제에 급격하게 편입되는 바람에 단일화한 지역 경제 속에서 대외 종속의 늪을 벗어나지 못하게 됩니다.

1845년에서 1849년 사이에 발생한 아일랜드 대기근은 지역의 경제 생태계가 파괴된 가운데 세계경제에 종속적으로 편입되면 어떤 비극이 빚어질 수 있는지를 잘 보여줍니다. 기근으로 아일랜드 전체 인구 800만 명 중 200만 명이 죽고 200만 명이 조국을 떠날 때 농장의 대지주들은 외국으로 식량을 수출했습니다. 내부의 경제 생태계가 제대로 작동했다면 식량이 안으로 돌아 피해를 줄일 수 있었을 것입니다. 하지만 안으로 돌 수는 없었죠. 구매력이 없으니 팔 수도 없었습니다. 하지만 적어도 안에서 식량이 생산되고 있다면 정부가 강력히 수출을 금지하고 외상으로라도 식량을 사들여 굶주린 국민에게 배급하는 방법이 있을 수 있습니다. 물론 아일랜드는 그렇게 하지 않았습니다.

플랜테이션 농법으로 농업이 홑짓기로 바뀌는 과정에서 자신들이 먹을 것을 심었어야 할 곳에다 잘사는 나라 국민이 마실 커피를 점점 더 많이 재배하였습니다. 종국에는 위기가 닥쳤을 때 손 놓고 있을 수밖에 없게 됩니다. 자유무역으로 무장한 세계경제는 거대 자본의 이익이라면 10원까지 챙기지만, 제3세계 노동자의 밥 한 끼는 해결해 주지 못합니다.

경제 생태계가 파괴되면 환경 생태계도 무너집니다. 커피, 바나나, 사탕수수 등을 홑짓기한다는 말은 자국의 경제·생태계도 홑짓기함을 뜻합니다. 대규모 농장에서 단일 식물을 키우는 플랜테이션 농법은 토지를 황폐하게 합니다. 플랜테이션 농장은 제3세계에 존재하지만 주인은 서구 등 외부 자본일 때가 많습니다. 현지인은 저임금 노동자로 플랜테이션에서 일하거나 영세한 자영 농부로 어렵게 생활을 이어갑니다. 홑짓기로 말미암은 생물 생태계 파괴의 피해는 자본가가 가져가지 않고 제3세계에 그대로 남습니다. 홑짓기의 모든 피해는 경제적으로나 생태적으로나 고스란히 현지인에게 돌아갑니다.

이제 공정무역이 등장합니다. 공정무역은 '도움이 아닌 거래'를 표방합니다. 공정무역에서 말하는 거래 가격은 현지인들이 지속적으로 노동을 재생산할 수 있는 적정 가격입니다. 다국적 기업이 만들어놓은 부당한 시장가격 대신 사회적, 환경적 비용까지 포함해 어느 정도 공정한 가격을 제시하고 그 가격에 제3세계 농산물을 수입하는 게 공정무역입니다. 여기에다 수입 가격의 10퍼센트 정도에 해당하는 '사회적 초과이익(Social Premium)'까지 얹어야 적정한 공정무역 가격이 도출됩니다. 사회적 초과이익은 생산자 공동체에 지급하는 자활 인프라 구축 비용입니다. 이 돈을 모아 제3세계 농민들은 학교나 병원을 짓거나 도로를 개설할 수 있습니다.

이때 공정무역 가격과 시장가격이 양립하게 됩니다. 지속적인 노동이 가능하고 노동력을 건전하게 재생산할 수 있는 공정무역 가격과 약탈적 가격이라는 두 가지 가격이 같은 상품에 존재하게 되지요.

세계 무역 전체를 놓고 보면 공정무역의 교역 상품 수나 양은 미미하기 그지없습니다. 여전히 약탈적 가격이 지배적이란 얘기겠지요. 따라서 누군가 나서서 '불공정한' 세계 무역을 좌지우지하는 다국적 기업에 압력을 넣어 그들의 '불공정성'을 다소나마 줄이려고 노력해야 합니다. 다윗과 골리앗의 싸움이고 언제 변화를 끌어낼 수 있을지 모르는 싸움이지만 그렇다고 의의가 없지는 않습니다.

주된 공정무역의 움직임은 다국적 기업에 압력을 넣는 간접적 방법 대신 시민사회의 힘으로 직접 무역에 뛰어드는 것입니다. 세상을 바꿔나가는, 작지만 소중하고 아름다운 발걸음입니다. 공정무역 활동가들은 제3세계 오지까지 들어가서 현지인이 생산협동조합 같은 걸 만들 수 있게 돕고, 수입한 다음 국내에서도 판로 개척 등 적잖은 일을 감당해야 합니다. 정보나 시장 지배력 등 여러모로 다국적 기업들보다 열악한 환경에 처한 공정무역 진영의 유일한 힘은 공정무역의 취지에 공감하고 이에 동참하는 소비자 집단뿐입니다.

취지에 공감해 행동하는 소비자들이 늘어나서 시장에 영향을 끼친다면 다국적 기업들도 조금씩 바뀔 겁니다. 결국 공정무역이 일부 의식 있는 사람들의 자기만족적 운동에서 나아가 실제로 사회를 조금이라도 바꿀 수 있는 운동이 될 수 있을지 없을지는 그 취지에 동참하는 소비자의 숫자가 얼마냐에 달렸습니다.

세상을 바꾸기 위해 유권자들에게 투표를 호소하는 것과 마찬가지로 공정무역은 일종의 정치 운동입니다. 공정무역에서는 표 대신 구매를 요청합니다.

정치 운동을 통해 다국적 기업의 냉혹한 경제 논리에 맞서는 공정무역은 1958년 미국에서 시작되었습니다. 유럽에서도 비슷한 시기에 출발했지요. 이제 반세기 정도 흘러온 공정무역은 스위스에서 전체 바나나 소비량의 절반가량을 공정무역 제품으로 조달하는 등 구체적인 성과를 거두고 있습니다.

거대 시장과 거대 자본에 맞서 공정무역이 어느 정도까지 성장할 수 있을지 궁금합니다. 공정무역은 착한 소비와 동일한 딜레마에 빠질 수밖에 없습니다. 결국은 정치 문제로 귀결되기 때문입니다. 사실 네슬레, 돌 등 다국적 기업들이 지배하는 '공정하지 못한' 세계적 규모의 시장과 그 작동 방법 또한 특정 세력의 이익을 구조적으로 보장하고 있기 때문에 명백히 정치적입니다. 하지만 그런 정치적 시장을 가동한 다음에는 정치를 경제의 이면으로 구겨 넣어서 보이지 않게 조치했습니다.

반면 공정무역이나 착한 소비는 새로운 시장 질서가 지배적인 시장 질서로 자리 잡을 때까지 정치를 감출 수 없습니다. 그래서 더 정치적으로 보이는 착시를 감내할 수밖에 없습니다. "전 세계의 노동자여 단결하라!"는 구호는 이제 "전 세계의 소비자여 단결하라!"는 구호로 바뀌거나 나란히 놓이게 됩니다. 전 세계 노동자의 단결이 쉽지 않았듯, 전 세계 소비자의 단결 또한 아름다운 얘기지만 쉽지 않을 전망입니다. 그렇다고 그런 꿈을 꾸는 사람이 줄어들 것 같지는 않습니다. 오히려 더 늘어나겠지요.

공정무역에서도 착한 소비와 마찬가지로 비용 측면을 들여다볼 수 있습니다. 예컨대 농약을 남용해 농산물을 생산하면 누군가는 그 비용을 치르게 됩니다. 정부가 책임지거나 아니면 지금 정부가 아닌 후대의 정부가 책임져야 합니다. 그 경제권 내에서 누군가는 책임질 수밖에 없지요. 농약 중독으로 병이 생기면 농부나 소비자가 스스로 그 비용을 감당하든지 아니면 일부 정부의 도움을 받아야 할 겁니다. 만약 강물이 오염되면 책임 소재가 불분명하긴 하지만 그래도 언젠가는 해결되겠지요.

서울의 동부간선도로를 따라 흐르는 중랑천에 지금은 물고기가 살고 새가 날지만 옛날에 그곳은 엄청나게 더러운 하천이었습니다. 개발 연대에 버려졌던 강이 이제는 환경 투자를 통해 아름다운 하천으로 되살아난 것입니다. 당대의 비용을 후대가 지급한 사례지요. 한 경제권 내에서는 어떤 식으로든 누군가 비용을 치를 수밖에 없습니다. 중랑천에 환경 투자가 이뤄지지 않아 옛날과 똑같았다면 오염으로 건강이 나빠졌을 뿐 아니라 그곳을 지나갈 때 느끼는 소소한 불쾌함까지 다른 방식으로 비용을 지급하며 살았겠지요.

전부원가회계를 동원해 (공정)무역에서는 비용이 어떻게 처리되는지 살펴볼까요? 사회석 비용을 따져봅시다. 만약에 어느 정도 성숙한 경제권에서 노동자가 과도한 노동으로 장애나 질병이 생겨 일을 못하게 됐다면 사회 안전망이 작동해 일단 먹고 살게는 해줍니다.

만일 공정무역의 대상이 되는 저개발 국가에서 커피를 사가는 사람이나 기업의 직원들이 커피를 생산하는 농부들에게 인간적인 삶을 살 최소한의 비용을 지급하지 않는다면, 누가 그 비용을 지급하게 될까요? 극빈국일 테니 그 나라 정부가 지급할 가능성은 희박하죠. 후대에까지 가난을 대물림할 테니, 농부들 스스로 여러 세대에 걸쳐 인간다움을 박탈당하는 것으로 비용을 감당할 수밖에 다른 방법이 없어 보입니다.

공정무역은 그 나라 정부가 지급을 거부하고 다국적 기업들이 나몰라라 하는 비용을 다른 나라의 소비자들이 내는 구조입니다. 공정무역을 도움이 아닌 거래라고 설명하지만, 내용상으로는 거래를 통한 도움이라고 보는 게 타당해 보입니다. 결국은 도움이 될 수밖에 없으니까요.

다시 지속 가능 발전으로 돌아가면 세대 간 문제뿐 아니라 한 세대 내의 양극화 문제를 해결해야 지속 가능 발전이 가능하다고 했습니다. 현 세대의 남북문제를 해결하려면 적어도 교과서적인 비교우위가 실제로 발휘될 수 있는 시장 메커니즘이 작동해야 합니다. 완전고용 같은 비현실적인 전제를 충족시키기는 어려우므로 대등한 협상력이 갖춰져야 하겠지요. 하지만 이 또한 빈말이 될 공산이 큽니다. 결국은 골프 경기에서처럼 선수들의 실력 차이에 따라 핸디캡을 인정하는 게 가장 공정한 게임 규칙이라 할 수 있습니다. 체급이 다른 선수를 같은 조건에서 맞붙게 하는 건 격차를 고착화하는 것과 크게 다르지 않습니다.

자유무역 옹호론자들이 말하듯 무역을 통한 상호 이익을 실현하려면 저개발 국가들에 보호 장구의 착용을 허용해야 합니다. 또한 불공정한 세계무역 시스템과 불완전한 세계경제체제를 반성하고 개혁하려는 지구촌 차원의 연대가 이뤄져야 합니다. 공정무역과는 다른 관점에서의 정치세력화라 할 수 있겠습니다.

공정무역 같은 세계시민운동 차원의 움직임과 함께 세계무역 구조를 바람직한 방향으로 바꾸려는 국제정치의 움직임이 병행돼야 지구촌의 양극화 문제를 해결하는 길이 앞당겨질 수 있습니다. 공정무역의 의의가 절대 작지 않지만 단순한 공정무역(Fair Trade)에 머물지 말고, '모두에게 공정한 무역(Fair Trade for All)'에까지 관심을 기울여야 합니다. 자유무역협정(FTA; Free Trade Agreement)이 아니라 모두에게 공정한 무역(Fair To All)이 되어야 한다는 취지에서 더 큰 관점과 시스템 개혁의 의지를 잃지 말아야 합니다. 2015년까지 세계의 빈곤을 반으로 줄이겠다는 2000년 유엔 선언은 이미 실현 가능하지 않은 목표가 됐지만, 세계 빈곤퇴치에 관한 선진국의 책임을 물은 '밀레니엄 개발 목표(MDG)' 같은 구상은 여전히 유효합니다.

공정무역이 더불어 사는 세상을 염원한다면 이 같은 세계적 규모의 시민운동은, 저개발 국가에 대한 선진국의 체계적이고 꾸준하고 책임감 있는 지원을 촉구해야 할 것입니다. 제3세계 국가들의 부채를 탕감해주고 공적개발원조(ODA)를 늘려야 합니다.

관세무역 일반협정, 세계무역기구, 세계은행, 국제통화기금(IMF)

등은 국제 금융자본이 제3세계에서 사채놀이나 다름없는 돈놀이를 하는 것을 방조했습니다. 우리나라도 빈곤에서 탈출한 지는 얼마 안 됐습니다. 개구리 올챙이 시절 모른다고 제3세계에 선진국 행세하며 우리도 어떻게든 제3세계에서 약탈해올 궁리만 하는 건 온당치 않습니다. 우리나라가 어렵사리 사다리를 올라왔다면 그 사다리를 걷어차기보다는 다른 이들이 사다리 위로 올라올 수 있도록 도와야 합니다.

공정무역이 찻잔 속 태풍에 그치지 않으려면 세계적 규모의 변혁에도 관심을 기울여야 합니다. 물론 현실적으로 그러한 관심을 표현할 수단이 공정무역 커피 한 잔을 마시는 행위 외에는 없을 수도 있겠지만 말입니다. 그렇게 희망이 없는 가운데서 꾸준히 희망을 모색해가는 작은 움직임이 공정무역이라고 할 수 있습니다.

기업의 사회적 책임(CSR)은 시장을 바꾸지만 사회적 기업은 사회를 바꾼다. CSR이 '시장 잔혹사'를 극복하려는 비폭력과 공존의 시도라면 사회적 기업은 아예 새로운 역사를 쓰려는 역성혁명(易姓革命)이다. 사회적 기업은 돈도 벌고 세상도 구하겠다는 야무진 꿈을 꾼다. 사회적 기업의 인간형은 당연히 '호모 코오퍼러티쿠스'다. 사회적 기업에 '호모 이코노미쿠스'는 아예 설 자리가 없다. CSR의 영역에서는 착한 호모 이코노미쿠스라고 우겨서 버텨낼지 모르지만 사회적 기업에서는 씨알이 안 먹힌다. 수백 년을 호모 이코노미쿠스로 살아온 까닭에 사회적 기업에 적합한 새로운 유형의 인간 호모 코오퍼러티쿠스는 낯설기만 하다. 하지만 시대정신은 현 세대가 의식하지 못하는 사이에 영리기업의 상당수를 사회적 기업으로 대체해버릴지도 모른다. 과도한 희망이지만 품어봄직하지 않은가.

chapter 7

착한 기업은 사회의

자산이다

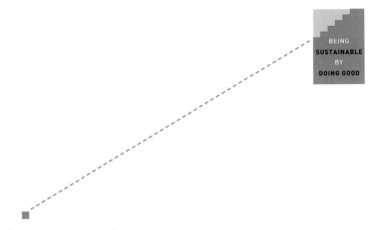

BEING
SUSTAINABLE
BY
DOING GOOD

호모 이코노미쿠스 vs.
호모 코오퍼러티쿠스

제가 쓴《한국의 보노보들: 자본주의를 위한 가장 아름다운 이야기》란 책을 보면 존 우드(John Wood)라는 사회적 기업가가 나옵니다. 우드는 마이크로소프트 중국 지사에 근무하던 촉망받던 임원인데, 지친 심신을 달랠 겸 1998년 베이징을 떠나 히말라야 산맥으로 향했습니다. 그리고 네팔에서 우연히 만난 이 나라 공무원을 따라 진짜 네팔 속으로 들어가게 됩니다. 거기서 책도 없이 맨땅에서 공부하는 어린이들을 보면서 아이들에게 책 주는 일, 도서관을 지어주는 일을 해야겠다고 결심합니다. 여행에서 돌아와 곧 사표를 내고 사회적 기업가로 변신합니다. 그가 세운 사회적 기업 '룸 투 리드(Room to Read)'는 세계적으로 유명한 사회적 기업입니다. 베트남, 캄보디아,

네팔, 라오스, 스리랑카 등지에서 도서관과 학교를 지어줍니다. 그것도 한두 개가 아니라 수천 개를 말입니다.

사회적 기업에 대한 요즘 젊은이들의 관심은 뜨겁습니다. 그런 젊은이들에게 가끔 물어봅니다. "룸 투 리드는 사회적 기업인가요, 아닌가요?"

의외로 사회적 기업이 아니라는 답변이 많이 나옵니다. 사회적 기업에 대한 잘못된 인식 때문입니다. 룸 투 리드가 흔히 말하는 상품을 파는 조직이 아니어서 비롯된 오해 같습니다. 룸 투 리드는 책을 찍어내는 회사가 아닙니다. 매출 자체가 없습니다. 아니, 어쩌면 매출 비슷한 것은 있는지도 모르겠습니다. 룸 투 리드에는 매출(Sales) 대신 수익 또는 수입(Revenue)이 있습니다. 은행 손익계산서에서도 수익이라는 계정이 사용되지만 내용상 매출과 유사한 것처럼 말입니다. 은행권에선 스스로 금융 상품이란 용어를 쓰기도 합니다.

룸 투 리드는 매출을 발생시키지 않지만 수익은 일어납니다. 그래야 책을 사서 기증하거나 도서관을 짓겠지요. 룸 투 리드를 사회적 기업이 아니라고 생각한 이유는 '사회적 기업'이란 용어에 '기업'이 들어가 있어서 꼭 매출을 일으켜야 한다는 선입견에 사로잡혀 있기 때문입니다.

방글라데시의 그라민 은행(Grameen Bank)은 유명한 사회적 기업입니다. 사업 내용은 '무담보 소액신용대출'이죠. 영어로는 '마이크로크레딧(microcredit)' 또는 '마이크로파이낸스(microfinance)'라고 합니다. 우리말보다는 영어가 사업 내용을 더 정확하게 설명한 듯합니다.

'소액'과 '신용'이 중요하기 때문입니다. '신용'은 '무담보'와 비슷한 말입니다. 대출할 때는 담보를 잡고 내주느냐, 담보 없이 신용으로 내주느냐 크게 두 가지죠. 담보를 잡지 않고 서민들에게 소액을 빌려주는 금융업으로 이해하면 되겠습니다.

그라민 은행은 유누스 총재가 겪은 우연히 사건에서 아이디어를 얻어 시작됩니다. 고리대금업자에게 돈을 빌린 여자들이 그 돈을 갚지 못해 쩔쩔매면서 노예 상태에 처한 것을 보고 유누스는 '안 갚으면 말지' 하는 생각으로 27달러를 빌려줍니다. 그런데 그 사람들이 그 돈을 갚았죠. 그렇게 소액으로 어려운 사람들을 돕는 은행을 만들자고 해서 출범한 게 그라민 은행입니다.

룸 투 리드나 그라민 은행이나 모두 사회적 기업인데, 이런 사회적 기업이 성공하기 위한 가장 큰 인프라는 무엇일까요?

답을 찾기 전에 그라민 은행과 기존 은행 사이에 어떤 차이가 있는지 살펴보겠습니다. 먼저 영업 대상이 다릅니다. 기존 은행들이 돈을 빌려주는 사람은 절대로 돈이 필요한 사람이 아닙니다. 이 말은 미국의 월가에 비견되는 영국의 시티 오브 런던(City of London)에서 통용되는 경구입니다. 왜 그런지는 잘 생각해보면 답이 나옵니다. 반면 그라민 은행은 돈이 필요한 사람에게 빌려줍니다. 근본적인 철학이 다릅니다.

철학이 상이하다는 사실에 착안하면 두 유형의 은행 간에 있는 인프라의 차이를 금세 알 수 있을 법합니다. 기존 상업 은행의 인프라는 영업망, 인적 자원, 국내외 자금 조달 능력, 리스크 관리 능력 및 분산 역량 등 흔히 상상할 수 있는 것들입니다.

반면 그라민 은행에서는 경제학·경영학 교과서에서 등장하지 않는 개념이 핵심 인프라로 활용됩니다. 바로 신뢰입니다. 돈을 빌려주는 사람이나 받는 사람이나 신뢰를 기반으로 거래합니다. 자본주의 사회에서는 존재하기 어려운 형태의 자본입니다. 그라민 은행이 MBA 출신이나 기존 은행 경험자를 선호하지 않는 것도 다른 유형의 자본을 중시한다는 징표입니다. 기존 금융권에는 신용은 있지만, 신뢰는 없습니다.

한국의 그라민 은행을 표방한 미소금융은 그라민과 마찬가지로 무담보 소액신용대출 사업을 하는 자칭 사회적 기업입니다. 그라민 은행과 미소금융의 차이는 확연합니다. 미소금융은 관이 주도한 마이크로크레딧입니다. 미소금융 이전에 NGO를 중심으로 다른 소액 신용대출기관 설립이 추진된 적이 있습니다. 어느 시중은행이 돈을 대기로 했죠. 하지만 마지막 단계에서 계획이 백지화했고, 대신 정부가 미는 미소금융이 출범했습니다. 공교롭게도 미소금융 이사장에는 원래 NGO에 돈을 대기로 한 바로 그 시중은행의 최고경영자가 취임합니다. 현직 대통령과 친분이 있는 것으로 알려지면서 미소금융의 취지를 더 퇴색하게 했습니다. 기존 금융권에서 머니게임에 열중하며 승승장구한 사람이 사회적 기업의 이사장 자리를 차지하고 그 자리에 권력의 그늘마저 드리웠으니 미소금융은 출발부터 순탄치 않았습니다.

1984년에 세계은행이 자기네 말을 듣지 않는다고 그라민 은행에 대한 지원을 끊은 다음 다른 비영리단체를 끌어들여 비슷한 은행을 세워 유누스를 곤경에 빠뜨린 적이 있습니다. 미소금융 설립 과정에서 풍긴 악취나 비슷합니다.

미소금융의 또 다른 문제점은 사회적 기업가의 자질에 관한 것입니다. 사회적 기업가에게 필요한 자질은 많겠지요. 혁신성, 도전 정신, 치밀함 등 영리 기업가와 마찬가지의 자질을 요구하지만 영리 기업가와 구별되는 핵심 자질이 있습니다. 바로 도덕성입니다. 다른 어떤 능력에 앞서 도덕성을 갖추지 않으면 사회적 기업가 자격을 갖추지 못한다는 것입니다. 사회적 기업에 대한 아무런 이해 없이, 사회적 기업가에게 필요한 어떠한 자질도 갖추지 못한 사람이 권력과 시류에 영합해 미소금융을 맡았으니, 적어도 이 분야에 있어선 우리나라가 방글라데시보다 훨씬 후진국이라 할 수 있겠습니다.

이쯤에서 잠시 국가의 역할에 대해 살펴볼까요? 사회적 기업을 이야기하면서 왜 국가를 거론하느냐고요? 사회적 기업이 여러 섹터에 걸쳐 있고 사회적 기업 선진국에서는 부분적으로 국가의 기능을 보완하기 때문에 그렇습니다.

국가는 대외적으로 외적의 침입을 막고 내부적으로는 국민을 잘살게 하는 역할을 수행합니다. '국민을 잘살게 한다'에는 국민 중에 약하고 힘없는 사람들도 보듬고 가야 한다는 의미가 포함돼 있습니다. 국가가 세공하는 공공제는 특정한 사람을 공급에서 제외(배제)하지 않습니다. 그러다보니 공공재에서는 무임승차자(free rider)의 문제가 생깁니다. 그럼에도 특정 공공재가 상대적으로 더 필수 불가결한 것이라면 계속 공급되어야겠지요. 왜냐면 공급자가 국가밖에 없으니까요.

국가가 직접 나서지 않고 공기업을 통하거나 공기업의 소유권을 민간에 팔아 민간이 하게 할 수도 있습니다. 특히 민간 기업은 무임승차자 때문에 화를 낼 수 있습니다. 따라서 어떻게든 무임승차자를 배제시킬 수 있는 묘안을 찾아내든지, 아니면 정부에 지원을 요청하겠지요.

엄밀한 의미의 공공재는 아니지만 뭉뚱그려 공공재 성격의 사회 서비스가 제공될 때도 이런 문제가 생길 수 있습니다. 국민 생활과 관련해서는 사회 서비스 가운데 '사회적 돌봄(Social Care)' 영역이 중요합니다. 통상 국가가 담당하지만 종교 단체 등 시민사회에서 역할을 분담하기도 합니다.

정부가 이 일을 할 때 재원은 당연히 세금입니다. 사회적 돌봄 기능이 발달한 유럽의 여러 복지국가에서는 그 반대급부로 세금이 과도해 성실하게 일하는 사람들의 근로 의욕을 떨어뜨리고 사회 전체의 효율을 저해한다는 논리를 펴는 이들이 있습니다. 어느 정도 수준의 복지가 적정한가를 두고는 오랫동안 논쟁이 있었고, 아직도 진행 중입니다.

바로 요람에서 무덤까지 국민을 책임지는 '낸시 스테이트(Nancy State)'에 대한 논쟁입니다. '낸시'는 보모처럼 돌봐주는 아줌마입니다. 낸시 스테이트의 비효율성은 첫째, 앞서 얘기했듯 세금 증가로 근로 의욕을 떨어뜨린다는 것입니다. 둘째로 무임승차자를 지속적으로 만들어낸다는 문제가 제기되겠지요. 전달 체계의 문제점도 늘 상 거론됩니다.

앞선 논의와 비교하면 '전달 체계의 비효율성'에 대해서는 비록 해법을 두고 의견이 엇갈리지만 대체로 문제의식은 공유하는 듯합니다. 수돗물 공급 체계와 마찬가지죠. 정수장에서 일반 가정으로 물을 보내면 중간에 예상보다 훨씬 많은 양이 사라집니다. 수도관의 노후로 새기도 하고, 또 일부는 돈 안 내고 몰래 수돗물을 가져다 쓰는 사람들이 있기 때문이기도 합니다.

전달 체계의 비효율을 줄이기 위해 집요하게 거론되는 게 민영화입니다. 비록 최근엔 목소리가 낮아지긴 했지만, 대처리즘의 몰락과 신자유주의의 좌초에도 일각에서는 여전히 철도·통신·수도 등 전통적 공기업 영역뿐만 아니라 사회적 돌봄 영역에 대해서까지 민영화를 주장합니다. 극단적인 예로 미국에서는 교도소까지 민간인이 운영합니다.

시장 요소를 도입하고 경쟁을 촉진한다는 게 민영화의 대원칙입니다. 효율을 중시하다보면 불가피하게 '배제'를 일으키게 되고, 그러면 공공재의 본성과 충돌하게 됩니다. 배제되는 대상은 취약 계층이나 약자이기 마련이죠.

정부가 개입하지 않지만 민영화와는 다른 방식의 사회 서비스 전달 체계도 존재합니다. 영·미 쪽에서 오랜 전통을 가진 비영리 시민 단체는 이심전심으로 정부와 역할을 분담합니다.

전통적으로 복지가 강한 유럽 국가들에선 말하자면 보완적 민영화를 추진했습니다. 특정한 사회 서비스를 민간에 개방해 시장을 만들어 경쟁시키는 대신 참가 자격을 제한하는 방법입니다. 국가에서 직접 사회 서비스를 책임지지 않지만, 대신 제한된 경쟁 시장에서 특정한 참가자들을 통해 공급하도록 한 것입니다. 재정이 여전히 투입되지만 효율화를 꾀하겠다는 발상입니다.

이러한 구도가 단지 효율화만을 꾀한다고 생각하면 단편적인 이해입니다. 특정한 참가자의 육성 자체가 공공적인 가치를 구현하기 때문입니다. 짐작하셨겠지만 이 특정한 참가자를 사회적 기업이라고 합니다.

전통적으로 정부 또는 낸시 스테이트의 영역으로 간주한 곳에서 비효율을 줄이면서 정부 대신 공공서비스를 제공하는 조직이 사회적 기업입니다. 전제는 정부가 이 영역을 완전히 민간에 넘기지 않고 사회적 경제 영역으로 설정했을 때입니다. 세계적으로는 룸 투 리드나 그라민 은행이 유명하지만, 적잖은 사회적 기업이 기존 관념으론 정부가 수행해야 할 역할이라고 받아들일 만한 독거노인 돌보기, 취약 계층 지원 등 사회적 약자들을 보듬는 사업에서 역량을 발휘하고 있습니다. 어쩌면 사회적 기업의 가장 전형적인 형태라고 볼 수도 있겠습니다.

이제 공공 섹터에서 제2섹터, 즉 시장으로 가봅시다. 기업의 사회적 책임(CSR)과 사회적 기업은 어떻게 다를까요? 용어만 놓고 보면 CSR은 아주 협소하게 해석했을 때 기업의 책임 중 특정한 부분, 즉 사회적 책임만을 내포한다고 볼 수도 있습니다. 그러나 포괄적으로 기업의 책임(CR: Corporate Responsibility)을 지칭하는 것으로 이해하는 게 타당하며, 그것은 결국 경영 과정에서 구현되기 때문에 대체로 사회 책임 경영이나 지속 가능 경영과 같은 의미로 받아들여지고 있습니다. 따라서 성과 측면에서 트리플 보텀 라인을 추구해 경제(재무)적인 성과뿐 아니라 사회·환경적인 성과를 도모해야 합니다. 그럼으로써 전반적 경영 리스크를 줄이면서 성장 기반을 다지고 기업 시민으로서 책무를 다한다는 입장입니다.

사회적 기업과 CSR의 대비는 더블 보텀 라인(Double Bottom Line)과 트리플 보텀 라인(TBL)이라는 용어를 통해서도 확연합니다. TBL이 경제·환경·사회라면 사회적 기업을 설명하기 위해 동원되는 더블 보텀 라인(DBL)은 경제·사회입니다. 결국 사회적 기업은 경제·사회적 성과를 추구하는 기업으로 이해되어야 하겠죠.

경제협력개발기구(OECD)는 사회적 기업을 "기업적 전략에 따라 조직을 운영하되 공익을 추구하고, 이윤을 극대화하는 것이 아니라 특정한 경제적·사회적 목적을 이루고자 하며, 사회적 소외와 실업 문제에 대해 혁신적인 해결책을 제시할 수 있는 모든 민간 활동" (1999년 사회적 기업 보고서)이라고 규정했습니다. 또한 유럽연합(EU) 15개국 연구자들로 구성된 사회적 기업 연구기관 EMES는 '공공성의 재구성'이란 관점에 주목해 "자율적 의사 결정과 지배 구조를 갖추고, 공동체의 이익을 위한다는 분녕한 목표기 있으며, 사업의 리스크를 동반하는 조직"이라고 정의했습니다.

2007년 7월 1일 시행에 들어간 우리나라의 사회적 기업 육성법에서는 "취약 계층에게 사회적 서비스 또는 일자리를 제공하여 지역 주민의 삶의 질을 높이는 등 사회적 목적을 추구하면서 재화 및 서비스를 생산 판매하는 등의 영업 활동을 수행하는 기업"이라고 정의했습니다. 우리나라에서는 아예 사회적 기업을 정부가 인증하고 있는 것입니다.

사회적 기업의 정의와 범위가 조금씩 다르다는 걸 알 수 있습니다. 논의를 더 진전시키기에 앞서 DBL이란 용어에서 비롯할 수 있는 오해를 없애고 가는 게 좋겠습니다. 용어 자체로는 경제 · 사회 성과이지만, OECD 규정에서 보듯 경제적 · 사회적 목적으로 이해하는 게 더 타당해 보입니다. 이에 더해 DBL을 경제적 · 사회적 가치로 파악해야 한다고 봅니다.

한국의 사회적 기업 육성법에 따르면 룸 투 리드는 사회적 기업이 아닙니다. 재화와 서비스를 생산하거나 판매하지 않으며 영업 활동을 수행하는 기업도 아니기 때문입니다.

그렇다고 시장 섹터에서 활동하는 영리기업이 사회책임을 잘 수행한다고 해서 사회적 기업이 되는 것도 아닙니다. 영리기업은 이윤을 추구하는 조직입니다. 더 정확하게는 이윤을 추구하는 사회적 기관입니다. 리스크 관리 차원이든, 또는 기업시민으로서의 자각이든 어떤 것이든 간에 이윤을 추구하는 과정에서 사회적으로 덜 문제를 일으키고 사회에 조금 더 보탬이 되는 방향으로 기업 자원을 정렬한 게 기업의 사회적 책임입니다.

이에 반해 사회적 기업은 더블 보텀 라인 기업이기 때문에 경제적

이익과 사회적 이익을 동시에 추구합니다. 우리나라 사회적 기업 육성법에는 이익이 생기면 3분의 1은 본래 (사회적) 목적에 재투자하도록 했습니다. 경제적 이익을 기업처럼 처리할 수가 없습니다.

말하자면 시장형 사회적 기업은 경제적 이익을 추구하지만, 그 과정이 기업이 설정한 사회적인 이익과 충돌하면 안 됩니다. 기본적으로 우선순위가 다르다고 볼 수 있습니다. 더블 보텀 라인을 제대로 해석하면 사회적 목적을 추진하는 과정에서 기업적 혹은 시장의 방식을 채택해 효율성을 높인 조직이 사회적 기업이라 할 수 있습니다.

공공 섹터(정부)뿐 아니라 시장 섹터에서도 사회적 기업이 등장할 수 있습니다. 적응 방식은 약간 다르지만 둘 다 사회적 기업입니다.

사회적 기업으로 국내 모자업계에서 10위권에 드는 '동천모자'를 예로 들어보겠습니다. 동천모자는 모자를 만들어 모자 시장에서 다른 기업들과 경쟁합니다. 보호받는 별도 시장에서 제한적으로 경쟁하는 게 아니라 단일한 시장에서 영업합니다. 차이점은 생산 과정에 장애인을 고용한다는 점입니다. 하지만 영리기업들과 경쟁해 경제적으로나 사회적으로나 적잖은 성과를 거두고 있습니다. 동천모자는 시장 섹터에서 발견할 수 있는 성공적인 사회적 기업 사례입니다. 불행하게도 아직 이런 사회적 기업 성공사례가 국내에는 많지 않습니다.

제3섹터인 시민사회에서노 사회직 기업을 많이 찾을 수 있습니다. 시민사회에서 그동안 해온 일을 사회적 기업 형태로 전환해 추진하는 사례들이 많습니다. '아름다운 재단' 같은 곳이 이런 유형의 사회적 기업이라 볼 수 있습니다. 어떤 측면에서는 룸 투 리드와 유사합니다.

그동안 애덤 스미스 이래 주류 경제학에서 가정하는 인간은 '호모 이코노미쿠스'였습니다. 합리적으로 판단하면서 이기심에 지배받는 존재입니다. 경제학 교과서에 나오는 경제적 인간이지요.

인간의 합리성을 부인하고 때로 충동적으로 행동하는 경향을 케인스는 '야성적 충동(Animal Spirit)'이라고 불렀습니다. 인간이 내리는 경제적인 결정이 늘 합리성에 기반을 두고 이루어지는 건 아니라는 이야기입니다. 기업 인수합병 등에서 경쟁에는 이겼지만 과도한 비용을 치름으로써 오히려 위험에 빠지게 되거나 심각한 후유증을 겪는 상황을 뜻하는 '승자의 저주(Winner's Curse)' 같은 게 '야성적 충동'의 증거라고 할 수 있겠습니다. 하지만 동시에 경제학이 말하는 합리성을 상당 부분 추종하는 측면이 있는 것도 사실입니다.

인간의 이기심에 대해서는 대부분 동의할 겁니다. 그럼에도 인간이 늘 이기적으로 살아가지는 않습니다. 이기심과 관련된 단정을 부인하는 새로운 기업관이 사회적 기업입니다. 이기심만으론 사회적 기업을 설명하기 어렵습니다. 예를 들어 우연한 기회에 만난 어느 사회적 기업가는 "저는 제가 꼭 이 회사를 운영하지 않아도 된다고 생각합니다. 우리가 망해도 상관없다고 생각해요. 누군가 다른 사람이 이 일을 하면 됩니다"라고 말했습니다. 그에게 중요한 것은 자신이나 자신이 소속된 사회적 기업의 성공보다 그 사회적 기업을 통해 전달되는 사회적 서비스의 영속성이었습니다. 이른바 계속기업이 아니라 '계속서비스'가 문제의 본질이었지요.

사회적 기업은 제1섹터, 제2섹터, 제3섹터 중 어디에나 나름의 방식으로 존재합니다. 주류 경제학에서 상정한 호모 이코노미쿠스의 두 가지 속성 중 합리성은 어느 정도 구현되지만 이기심은 찾기 어려운 독특한 기업입니다. 앞서 사회적 기업을 사회적 목적을 달성하기 위해 기업적 혹은 시장의 방식을 채택해 효율성을 높인 조직이라고 정의한 데서 어느 정도 유추할 수 있을 겁니다. 사회적 기업의 흔한 형태는 우리나라의 사회적 기업 육성법의 바람과 달리 비영리조직(NPO)입니다. NPO는 이익을 낼 수는 있지만 본질적으로 이윤을 추

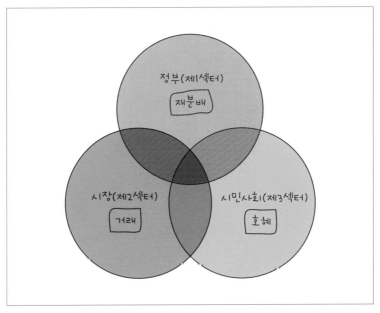

제1, 제2, 제3섹터와 사회적 기업

구하지 않습니다.

제2섹터의 대표 조직인 기업은 영리조직입니다. PO인 것이지요. 비정부기구(NGO)는 통상 시민사회단체를 의미하나 엄밀하게 단어 상 의미로는 영리조직까지 포함한다고 볼 수 있습니다. 기업이 정부 조직(GO)은 아니잖습니까? 그런 맥락에서는 영리조직을 제외한 제1·3섹터 모두 비영리 민간단체라고 해석될 수도 있겠습니다.

사회적 기업은 NPO와 NGO를 포괄한다고 볼 수 있어 제1섹터와 제3섹터에서 모두 뿌리를 내릴 수 있습니다. 또한 제2섹터 내에서 시장 규칙에 따라 영리기업과 대등하게 경쟁할 수도 있겠지요.

최근에는 CSR의 하나로 SK그룹 등 제2섹터에 속한 대기업이 사회적 기업을 육성하려는 움직임이 나타나고 있습니다. 소위 단순한 사회 공헌보다는 사회 기여의 효율성과 기업 이미지의 제고를 동시에 겨냥한 것이지요. 영리기업이 사회적 벤처 캐피털을 운영하는 것으로 이해하면 되겠습니다.

'사회적' 이란 수식어가 붙지 않은 벤처 캐피털은 중소기업을 육성한다는 명분을 내세우지만 사실은 투자입니다. 왜곡해 해석하자면 돈놀이의 한 형태로까지 볼 수 있습니다. 벤처 캐피털은 최고의 수익률을 올리는 게 목적입니다.

사회적 벤처 캐피털의 목적은 수익률에 있지 않습니다. 투자이긴 하지만 사회적 가치를 키우는 투자입니다. 크게 보아 이것도 사회책임 투자의 하나라고 받아들여도 무방하겠습니다. SK그룹에서 500억 원을 출연해 사회적 벤처 캐피털을 운영한다면 SRI 성격의 CSR로 봐야 할 것 같습니다. 기업이 아닌 비영리 단체나 개인들이 사회적 벤처 캐피털을 조성했다면 용어의 엄밀한 정의와 무관하게 명백한 SRI 이겠지요.

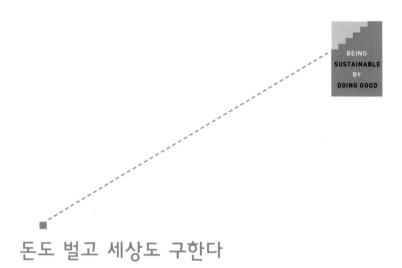

돈도 벌고 세상도 구한다

사회적 기업은 각 섹터의 고유한 자원 유통 및 배분 방식을 창의적으로 결합합니다. 섹터별로 자원을 배분하는 고유한 방법에는 어떤 것이 있을까요? 우리 사회에서 가장 광범위하게 통용되는 자원 배분 방법은 '거래' 입니다. 거래가 지배적인 교환 방식이 됐다면 그만큼 사회가 시장 사회로 바뀌고 있다는 의미입니다. 리오넬 조스팽 전 프랑스 총리가 "시장경제는 받아들이지만 시장 사회는 거부한다"고 말한 이유는 그만큼 시장 사회화의 위협이 강력했기 때문입니다.

거래는 등가라는 가정 아래 시장에서 가격을 매개로 행하는 교환입니다. 등가는 교리처럼 준수되지만 대부분 거래를 통해 강자가 약자에게서 차익을 취하는 합법적 눈속임입니다. 이때의 강자와 약자는 시장의 강자와 약자입니다. 정치적 강자와 약자는 시장에서 그 위상이 역전될 수도 있습니다. 다만 눈속임만으로는 가치가 증식되지 않고 '거래 이후' 또 다른 거래를 준비하는 과정에서 가치를 덧붙이게 됩니다.

제1섹터, 즉 정부나 공공 부문에서 자원을 유통하는 방식은 재분배입니다. 재분배는 받아서 다시 나누는 것입니다. 여기에는 굳이 등가라는 눈속임이 필요 없습니다. 공정이란 가치를 폭력적인 집행 체계를 통해 강제적으로 확산시킵니다. 때로 공정이란 가치를 표방하나 공정하지 않을 때가 있고, 더러 전달 과정에 비효율이 발생한다는 문제를 드러냅니다.

제3섹터, 즉 시민사회에서는 호혜(互惠)를 통해 자원을 유통하고 배분합니다. 지역 화폐 같은 게 대표적입니다. 누군가는 청소하고, 또 누군가는 피아노 레슨을 해주는 식으로 서로 주고받지만 시장에서 쓰는 화폐나 가격이 그 교환을 매개하지 않습니다. 호혜는 인류 역사에서 가장 오랜 역사를 자랑하는, '거래'를 통하지 않는 교환 방식입니다. 따라서 등가라는 눈속임이 없는 교환입니다. 자본주의에서 호혜가 상대적으로 덜 주목받는 이유는, 주고받는 호혜의 상생 메커니즘을 통해 삶이 아무리 윤택해지더라도 호혜의 과정과 결과물은 국내총생산(GDP)에 잡히지 않기 때문입니다. 호혜가 아무리 많이 일어나도 거래를 발생시키지 않기 때문에 GDP는 늘어나지 않습니다. 한 사회의 삶의 질을 측정하는 수단으로서 어쩔 수 없이 GDP가 널리 활용되고 있지만 이와 같은 이유로 GDP 무용론을 펴는 이들이 점점 늘어가고 있습니다.

상생을 추구하는 호혜 시스템이 잘 작동하는 사회가 아름다운 사회이고, 더 살 만한 사회입니다. 현대사회에서는 점점 고립되어가는 인간들이 계산을 중심으로 움직이고, 등가라고 착각하는 거래로 모든 문제를 해결하려고 들기 때문에 호혜 시스템이 작동하지 않습니다.

거래의 플랫폼은 시장입니다. 지구온난화란 개념 자체가 나쁜 것이 아닌 것처럼 비록 등가라는 본질적인 눈속임이 있긴 하지만 시장 자체가 나쁜 것은 아닙니다. 나쁜 시장이 나쁜 겁니다. 제대로 작동하는 건전한 시장을 만들려면 시장 정보가 정확하게 수집돼 투명하게 전달되어야 하며 거래의 어떤 특정 당사자가 정보에서 소외되지 않아야 합니다. 본질적으로는 다중의 이익에 복무하는 시장 규칙이 수립돼 지켜져야 합니다.

호혜가 잘 작동하려면 '좋은 시민'이 많아야 합니다. 좋은 시민들이 있어야 공동체를 복원할 수 있겠죠. 지역과 동네를 살리고 공동체를 복원하면서 익명성에서 탈출해 자신의 신분이 드러나는 가운데 상호 '몸의 유대'를 확장시켜야 한다는 이야기입니다. 시장에서 자본의 축적이 필요한 것처럼 시민사회에서는 사회적 자본을 축적해야 합니다. 사회적 자본의 핵심 자산은 두말할 필요 없이 신뢰입니다. '호혜의 인프라=신뢰'인 것이지요.

소멸한 공동체를 되살려내 확산하고 사회 저변에 공동체의 영감을 불어넣어 구체화하는 데 사회적 기업이 직간접적으로 중요한 역할을 할 수 있습니다. 사회적 기업은 공공 영역이나 시장에서도 할 일이 많지만 특별히 시민사회 영역에서 많은 일을 해야 합니다. 사회적 기업의 성과 측정 방법이 투자수익률이 아니라 사회적 투자수익률이어야 한다는 지적은 사회적 기업의 특질을 잘 드러냅니다.

사실 사회적 기업 하면 가장 먼저 떠올려야 할 조직은 협동조합입니다. 협동조합은 그동안 거론한 공동체적 가치에 잘 맞는 조직 형태입니다. 하지만 국내에서는 협동조합이 활성화하지 못했습니다. 남북 대치라는 특수한 상황에서 평등을 중시하는 협동조합의 조직 이념이 북한 쪽과 더 '친해 보인다'는 생각에서입니다. 어이없긴 하지만 아직도 남한 사회에 통용되는 색깔론을 생각하면 이해하지 못할 바도 아닙니다.

협동조합이 발달한 곳은 유럽입니다. 유럽에서도 이탈리아에서 협동조합이 왕성합니다. 복지가 강한 북구 쪽은 공공 영역의 영향력이 세다보니 오히려 시민사회 영역에 속하는 협동조합의 발달이 더 뎠습니다. 이해관계자 중심주의가 유럽에서, 주주 중심주의가 미국에서 발달한 것처럼 사회적 기업의 유형도 대서양 양안이 조금씩 다릅니다. 유럽의 사회적 기업을 협동조합이 대표한다면, 미국의 사회적 기업은 비영리조직이 대표한다고 받아들이면 되겠습니다.

AP통신, 알리안츠, FC바르셀로나 등이 협동조합이라는 데서 짐작할 수 있듯이 생산·소비 등 협동조합의 유형은 다양합니다. 우리나라에서는 특별법으로 설립된 농협이 협동조합 같지 않으면서도 가장 유명한 협동조합입니다.

협동조합이 영리조직이 될 수 있느냐 없느냐는 우리나라에서는 논쟁거리입니다. 우리나라에서는 대체로 협동조합을 비영리 성격으로 묶어놓으려고 하고 있습니다. 시민사회와 시장 영역이 뒤섞이는 걸 싫어하는 일종의 순혈주의 사고라기보다는 시민사회의 영역 확대를 불편해한다고 보는 게 더 타당하겠습니다. 그런데 상호부조를 목적으로 경제적 이익을 추구할 수 있다고는 해놓았기에 아주 비영리라고 할 수는 없습니다. 자본(주식회사)이 아닌 사람(협동조합)에 근거한 영리 행위는 대체로 적절하지 않다고 판단하는 데는 앞서 얘기한 남북 대치에서 기인한 경직된 사고가 작용하지 않았나 합니다.

실제로 협동조합에서 조합원은 출자 금액과 무관하게 일인 일 표의 의결권을 부여받습니다. 지분, 즉 출자액에 비례해서 의결권을 갖는 주식회사와는 상이한 구조이지요. 돈의 권능이 일부 부인된다는 점에서 한국이나 미국에서 협동조합이 환영받지 못했을 수 있습니다.

그러나 앞으로 색깔론에서 벗어나 사회적 경제를 키우려면 협동조합이나 협동조합 형태를 취한 사회적 기업들을 많이 육성해야 합니다. 사회적 기업은 협동조합 · 사단법인 · 재단법인 · 주식회사 등 다양한 조직 유형 가운데 사업 내용에 가장 적합한 형태를 취하면 되겠습니다. 또 영리인가 비영리인가 혹은 의결권 형태와 무관하게 사회적 가치를 조직의 핵심 가치로 받아들여 조직의 인적 · 물적 자원을 여기에 통합해 운영한다면 사회적 기업이라 할 수 있습니다.

사회적 기업을 두고 가장 많이 하는 말은 "돈도 벌고 세상도 구하는 비즈니스"입니다. 아쇼카재단의 대표이자 사회적 기업계에서 구루(Guru, 스승)로 통하는 빌 드레이튼(Bill Drayton)은 그런 일을 하는 사람으로 사회적 기업가란 용어를 처음으로 만들어 유통시켰습니다.

사회적 기업가는 동시에 사회 혁신가로서, 사회적 기업을 운영하는 과정 그 자체에서는 물론 사회적 기업의 특정한 산출물로도 세상을 구할 수 있습니다. 예를 들어 장애인을 고용해 사회적으로 가치 있는 상품을 산출하고, 또 거기서 생긴 이윤의 일부를 사회적 가치를 높이는 데 쓰는 방식을 떠올릴 수 있겠지요.

이때 만들어낸 사회적 가치를 측정할 때 사회적 투자수익률을 활용할 수 있겠습니다. 경력 단절 여성을 고용해 어린이 교육 사업을 펼치는 우리나라의 사회적 기업인 '우리가 만드는 미래'를 통해 사회적 투자수익률을 구체적으로 살펴봅시다.

우선 경제활동에서 배제되어 있는 경력 단절 여성들을 고용하는 까닭에 운영 과정 자체에 사회적인 목적이 배어 있다고 볼 수 있습니다. 산출물 측면에서는 어린이 역사 교육만으로는 사회적인 가치가 구현됐다고 볼 수 없지만 저소득층 어린이를 대상으로 역사 교육을 시행하는 부분은 사회적 형평성을 높이는 '사회적 성과'로 간주합니다. 취약 계층 청소년층을 대상으로 한 공부방 운영 또한 일종의 사회적 서비스라고 할 수 있죠. 운영(고용)과 산출물(교육 서비스) 양쪽 측면에서 모두 사회적 성과를 거두고 있는 셈입니다.

사회적 투자수익률 관점에서는 경력 단절 여성들이 취업에 성공하여 내는 세금(소득세)뿐만 아니라, 만일 그들 중 일부에게 나가던 정부의 복지 지출이 더 이상 나가지 않게 되었다면 마찬가지로 사회적 투자수익률에 포함해야 합니다. 여기에 '우리가 만드는 미래'의 경제적 가치 창출도 포함되어야 하겠지요. 대체로 장애인·고령자·경력 단절 여성 등 세금 낼 형편이 안 되면서 복지 수요를 초래한 취약 계층을 취업시키면 사회적 투자수익률이 더 커지게 됩니다.

자원의 유통 및 배분 방식과 관련해서는 앞서 언급한 대로 신뢰의 플랫폼에서 각 센터의 방법들을 효율적으로 묶어 사회적 투자수익률을 높여야 합니다. 마찬가지로 사회적 기업도 시장의 방식인 거래에 익숙해져야 합니다. 지금 한국에서 육성하는 사회적 기업은 주로 '거래'의 사회적 기업이니 이 문제를 걱정할 필요는 없을지 모르겠습니다. 오히려 호혜나 재분배에 눈을 돌릴 수 있어야 하겠습니다.

국내에서 가장 성공한 사회적 기업으로 통하는 '아름다운 가게'는 거래·재분배·호혜를 모두 사용합니다. '아름다운 가게'에서 최종적인 산출물을 만들기 위해서는 원료에 해당하는 헌 옷을 모아야 합니다. 헌 옷은 거래가 아닌 기부를 통해 수집됩니다. 수선된 헌 옷은 다시 매장에서 상품으로 판매됩니다. 즉 거래되는 것이지요.

일하는 직원은 다소 이중적인 존재입니다. 노동을 제공하고 노동력 값을 받는다는 측면에서는 '아름다운 가게'와 직원들 간에 거래가 일어납니다. 하지만 그들이 받는 임금이 전부원가가격책정(Full Cost Pricing) 방식으로 결정되지는 않습니다. 여기에 약간 토론거리가 있을 수 있겠네요. 임금이 전부원가를 반영하지 않았기 때문에 노동 착취냐, 아니면 비정부기구 전통에 따른 보수보다는 봉사를 우선시하는 관행이냐에 관한 토론입니다.

전부원가가격책정 방식에 근거하지는 않았지만 임금을 받고 종업원에게 주는 보험 혜택을 누리는 직원들 외에, 그런 것 없이 전적인 봉사를 목적으로 한 자원봉사자들이 존재하기에 토론은 복잡해집니다. 거기까지 토론을 상세하게 따라갈 필요는 없을 듯하고, '아름다운 가게'의 인적 자원 관리에 거래와 호혜가 동시에 동원되고 있다는 점만 짚고 넘어가겠습니다.

비록 헌 옷이라고는 하지만 수선 과정을 거친 품질 좋은 중고 의류를 저가에 공급한다거나, 이익 일부를 다른 사회적 기업들에 지원하는 것은 재분배로 해석될 수 있습니다.

사회적 기업은 설정한 사회적 목적을 달성하기 위해 신뢰 인프라를 기반으로 해서 가능한 모든 수단을 동원해야 합니다. 그렇다고 마약 조직을 운영하면서 고아들을 돌보는 방식이 사회적 기업이 아니라는 사실은 굳이 언급할 필요 없겠죠. 응당 시장을 전략적으로 공략할 줄 알아야겠지만 시장 논리에 매몰되어서는 안 됩니다. 신뢰를 저버리지 않는 한 사회 곳곳에서 자원을 공급받도록 노력해야 합니다.

그렇다면 자선사업과 사회적 기업은 어떻게 다를까요. 불쌍한 사람들에게 자기가 가진 돈을 그냥 주기만 한다면 단순한 자선이겠지요. 반면 자선을 사업화하는 데 효율적인 방식을 동원해 체계적으로 진행한다면 그리고 사회적 투자수익률을 의식하며 사회적 효용을 극대화한다면 그 자선단체는 사회적 기업입니다.

존 우드의 룸 투 리드가 그렇습니다. 룸 투 리드는 기부의 기업화란 전략하에 사회적 목직을 추진한 사회적 기업입니다. 이에 반해 거대 자본을 보유한 빌 게이츠의 '빌 앤드 멜린다 게이츠 재단(Bill & Melinda Gates Foundation)'은 창설자들의 '고귀한' 이념이 핵심 운영

원리로 보입니다. 따라서 이 재단을 사회적 기업으로 부르기엔 다소 유보적입니다.

하지만 사회적 기업이든 아니든 게이츠 재단은 이미 사회적 목적을 수행하고 있습니다. 인간사에서 자선은 오랜 역사를 자랑하지요. 따라서 자선은 전통적 관행으로, 사회적 기업은 자본주의 사회에서 새로운 가치를 고양하고자 하는 새로운 유형의 실험으로 이해하면 되겠습니다.

최고경영자의 결단이나 종업원 등 관련자들의 도덕적 각성이 중요한 윤리 경영과 달리 지속 가능 경영 또는 사회책임 경영은 자체적인 생명력을 갖고 작동하는 특정한 시스템으로 제안됩니다. 자선단체와 사회적 기업 간에도 이런 비교법을 쓸 수 있겠습니다.

미래의 지속 가능성을 위협하는 5T

《오디세이》는 고전 100선 하면 반드시 들어가는 책이고 그중에 10개를 고르라고 해도 포함될 확률이 높은 책입니다. 《오디세이》의 핵심 키워드는 '귀향'입니다.

성경의 《출애굽기》는 반대 상황입니다. 형식상 고향을 떠나지만 그 고향은 진짜 고향이 아닙니다. 유대 민족이 살던 이집트는 노예 생활을 하던 수치스런 땅이었습니다. 이집트를 떠난 유대인들은 지금의 팔레스타인 지역에 왕국을 세웁니다. 하지만 왕국이 망하죠. 지배계층에 속한 유대인들은 기원전 597년부터 세 차례에 걸쳐 바빌로니아로 끌려갑니다. 적국에 포로로 끌려간 유대인들의 마음속에는 늘 귀향이란 단어가 자리 잡고 있었을 겁니다.

팔레스타인 지역은 유대인들의 선조이자 믿음의 조상인 아브라함의 땅, 가나안 복지(福地)입니다. 하지만 정작 아브라함에게 가나안은 타지였습니다. 아브라함이 태어난 곳은 이라크 남부 유프라테스 강 근처로, 수메르의 도시국가가 번성했던 우르였습니다. 유일신을 믿으며 무슬림에게도 조상으로 추앙받는 아브라함은 비옥한 초승달 지대에서 살았지요. 어느 날 신의 말씀을 들은 아브라함은 태어나고 자랐던 정든 땅을 떠납니다. 유대 민족의 역사는 귀향의 역사입니다. 비단 출애굽에만 해당하지 않습니다. 지금 가나안 땅에서 벌어지고 있는 이스라엘과 팔레스타인 간의 분쟁 또한 길고 긴 타지 생활 끝에 유대 민족이 다시 귀향하면서 비롯된 일입니다. 유대 민족의 고향에 대한 집착은 정말 대단합니다.

수구초심(首丘初心)도 이런 수구초심이 없습니다. 수구초심에다 민족이란 이념이 덧씌워지고 배타성이 가미돼 나온 것이 '시오니즘(Zionism)'입니다.

여우에게나 인간에게나 고향은 낙원과 비슷한 의미일 수 있습니다. 고대인에게 고향을 잃는다는 사실은 모든 것을 잃어버린다는 의미였습니다. 귀향은 인간이 직면해야 했던 문제들의 보편적 해결책이었지요. 인류 역사는 끊임없는 전쟁과 약탈, 탐욕의 연속이었습니다. 지금도 국지적인 전쟁이 곳곳에서 일어나고는 있지만 전반적으로 인류 문명은 적어도 전화(戰禍)와 관련해서는 평화로운 상태를 유지하고 있으며, 이처럼 안정적인 상태가 된 건 얼마 되지 않았습니다. 반복된 전쟁 속에서 정복하거나 도망 다니는 게 일상이었고, 태어난 곳에서 성장해서 가정을 이루고 거기서 죽는다는 것은 상당한 축복이었죠.

어쨌든 귀향은 인류의 영원한 주제였고, 그러다보니 문학의 훌륭한 소재가 되었습니다. 16세기 중반 프랑스 툴루즈 지방에서 실제로 있었던 일을 영화로 만든 〈마틴 기어의 귀향〉도 제목에서 드러나듯 귀향에 관한 작품입니다.

어느 날 남편(마틴 기어)이 집을 떠납니다. 홀로 남은 아내는 외롭게 고향 집을 지키면서 자식을 키우고 남편을 기다리면서 살아갑니다. 8년이 지난 어느 날 남편이 돌아옵니다. 돌아온 남편은 떠나기 전과 달리 자상하고 다정다감했으며 책임감 강한 남편이자 좋은 아빠가 되어주었습니다. 오랜 기다림의 보상으로 아내는 행복한 나날을 보냅니다.

극적인 반전은 진짜 남편이 돌아오면서 일어납니다. 주위 사람들의 의심에도 아내는 가짜 남편을 진짜 남편이라고 방어했습니다. 아내만큼 남편을 잘 알 수는 없었기에 사람들은 가짜 남편을 진짜로 인정할 수밖에 없었습니다. 하지만 진짜 남편이 돌아오면서 모든 거짓말은 들통이 나고 가짜 남편은 사형을 당하게 됩니다.

가짜 마틴 기어가 귀향했을 때 아내가 가짜임을 몰랐을까요? 처음에는 몰랐다 치더라도 끝까지 몰랐을까요? 기다림에 지친 아내는 결국 낯선 이를 남편으로 인정하고 말았을 겁니다. 더구나 가짜 남편은 가짜라는 것만 빼면 나무랄 데 없는 사람이었습니다. 사는 게 너무 힘들고 외로우면 있을 수도 있는 일입니다.

고향에 남은 아내나 고향을 떠난 남편이나 둘 다 고통을 겪었습니다. 아내에게는 남겨진 자의 고통이 있습니다. 버려졌다고 볼 수도 있습니다. 하지만 고향을 지켜야 했습니다. 남편에게도 고통이 없을 리 없습니다. 가장 큰 고통은 고향에서 떠나야 했다는 사실입니다.

아내는 재회를 목적으로 살아갑니다. 다시 만날 것을 믿으며 말입니다. 남편은 이향을 귀향으로 바꾸기 위해 모진 세월을 견뎌나갈 것입니다.

아내가 기다린 건 무엇이었을까요? 아내는 왜 기다렸을까요? 이런 질문에 답을 찾는 일이 재미는 있겠지만 이 자리에서는 단지 고향에만 집중하기로 합니다. 최소한 아내와 가짜 남편의 비극적인 결말이 불륜 때문이었다고 대답할 사람은 없으리라고 생각합니다.

환원하면 이 모든 문제는 고향을 떠났기 때문에 생겨났습니다. 남편이 고향을 떠나지 않았더라면 아내가 기다리는 일은 없었을 것이고, 자기 기다림에 대한 보상으로 가짜 남편을 받아들이지도 않았을 것입니다. 또한 고향을 떠나지 않았더라면 진짜 남편이 기를 쓰고 고향으로 돌아가려고 하지 않았겠지요. 그러면 진짜와 가짜 남편이 서로 대립하고 결국 진짜 남편이 자기 아내를 범죄자로 만드는 일도 벌어지지 않았을 것입니다.

옛날 고려와 조선의 공녀(貢女) 또한 고향을 떠난 사람입니다. 더러 공녀가 귀향하거나 환향(還鄕)했는데, 돌아온 공녀를 '환향녀'라고 했습니다. 몽골로 보내진 고려 여인들 중엔 기황후처럼 황후의 자리까지 오른 인물이 있기도 하지만 극히 예외적인 경우일 뿐 공녀의 삶은 서러웠습니다. 그렇다면 환향은 기쁜 일이어야 했습니다. 그러나 역사에서 보듯 이들의 귀향은 금의환향(錦衣還鄕)이 아니었습니다. 고향에서 배척당합니다. 돌팔매와 천시가 기다리고 있었습니다. 돌아온 공녀를 '환향녀'로 불렀고, 어느새 이게 욕으로 바뀌게 됩니다. 비극적 상흔을 잊어버린 채 지금은 '화냥년'이란 표준말로 우리말에 자리 잡고 있습니다.

유대 민족, 공녀, 오디세이 모두 귀향 이야기입니다. 고향에 대한 가치 부여는 인류가 정주 문명을 만든 이래 인간의 숙명이 됐습니다. 무언가를 가진 자만이 그 무엇에 대해 애착을 갖게 되고, 그것을 잃어버렸을 때 안타까워합니다.

〈고향 아줌마〉

술잔을 들다 말고 우는 사람아
두고 온 임 생각에 눈물 흘리며
망향가 불러주는 고향 아줌마
동동주 술타령에 밤이 새누나
밤이 새누나

들어찬 목로주점 나그네마다
넋두리 하소연에 풍년도 마다
내 고향 사투리에 고향 아줌마
나그네 인생길에 불빛만 설다
불빛만 설다

〈울고 넘는 박달재〉

천둥산 박달재를 울고 넘는 우리 님아

물항라 저고리가 궂은 비에 젖는구려

왕거미 집을 짓는 고개마다 굽이마다

울었소 소리쳤소 이 가슴이 터지도록

부엉이 우는 산골 나를 두고 가는 님아

돌아올 기약이나 성황님께 빌고 가소

도토리묵을 싸서 허리춤에 달아주며

한사코 우는구나 박달재의 금봉이야

이 글을 읽고 노래 가사임을 알아챘다면 나이가 좀 들었다고 봐야 할 겁니다. 〈고향 아줌마〉는 김상진이라는 가수가 부른 대중가요고, 〈울고 넘는 박달재〉는 박재홍이 불렀습니다. 젊은 세대엔 〈울고 넘는 박달재〉가 조금 더 유명할 것 같습니다.

〈고향 아줌마〉보다 〈울고 넘는 박달재〉가 조금 더 오래된 노래입니다. 망향가 불러주는 고향 아줌마니 내 고향 사투리니 나그네 인생길이니 지금으로선 무척 촌스러운 가사입니다. 그런데 〈고향 아줌마〉는 가사의 고풍스러움에도 생각보다 오래되지 않은 유행가입니다. 발표 연도가 1971년입니다. 당시 사회상이 고향 아줌마 앞에서 밤을 새우면서 넋두리하고 고향을 그리워한 것이지요. 40년 정도밖에 지나지 않았지만, 그 정서는 현재보다는 오히려 〈마틴 기어의 귀향〉과 가까운 것 같습니다.

이때 고향을 떠난 사람들은 도시화·산업화 때문에 농촌을 떠난 사람들입니다. 공장에 노동자로 취직해 공돌이·공순이란 이름으로 불리며 저임금에 열악한 근로 환경에서 일했던 우리나라 최초의, 이른바 산업 역군입니다.

고향을 떠나와서 도시에서 살아가면서 자기가 행한 노동의 가치를 제대로 인정받지 못하고 자기가 가져가야 할 부의 몫을 국가권력의 비호를 받는 자본가에게 넘겨주며, 하루하루 고달픈 노동 속에서 살아간 우리 바로 윗세대 노동자들의 어떤 설움 같은 게 〈고향 아줌마〉에 묻어납니다. 고향을 떠나온 사람들의 한 맺힌 절실함 같은 게 있습니다.

〈울고 넘는 박달재〉는 1950년에 나온 노래입니다. 박달이라는 선비와 금봉이 사이의 사랑에 얽힌 전설을 노래로 만든 것입니다. 요즘 20대는 트로트 하면 우습게 받아들일지 모르겠지만, 〈울고 넘는 박달재〉는 매우 슬픈 노래입니다. 가사를 보면 금봉이가 남는 사람이고, 박달이 떠나는 사람입니다. 둘이 사랑했겠죠. 2절에 가면 귀향 이야기(돌아올 기약)가 나옵니다. 돌아올 기약을 성황님께 빌고 가라는 얘기는 돌아올지 못할 걸 안다는 뜻입니다. 인력으로 할 수 있는 일이 아니고, 성황님이 도우셔야 돌아올 수 있겠구나 하는 냉정한 현실 인식입니다.

흥미로운 건 사랑하는 사람이 못 돌아오겠지만 그래도 기다린다는 사실입니다. 사실 그곳은 금봉이의 고향이지 박달의 고향이 아닙니다. 금봉이 기다리고 있는 장소는 박달의 고향이 아닌 자신의 고향입니다. 금봉이는 특정한 공간에 얽매인 존재입니다. 그 공간은 남루하기 그지없습니다. 사랑하는 사람을 보내며 산골에 사는 금봉이라는 처자가 해줄 수 있는 게 기껏 도토리묵 쒀서 허리춤에 채워주는 것뿐입니다. 한나절 하루 정도 지나면 다 쉬는 도토리묵이지만 해줄 수 있는 게 그것밖에 없었겠지요. 그러고는 금봉이는 마냥 기다립니다.

김상진의 〈고향 아줌마〉는 떠난 사람의 관점에서 부른 노래입니다. 〈울고 넘는 박달재〉는 보내는 사람의 관점입니다. 누구의 슬픔이 더 클까요?

〈고향 아줌마〉나 〈울고 넘는 박달재〉란 노래가 잊혔듯 이제 더 이상 귀향에 대해서 말하지 않는 시대가 되었습니다. 근본적으로는 고향을 떠나는 일이 없어졌기 때문입니다. 현대인이 금봉이처럼 철저하게 고향에 얽매인 존재라서가 아니라 얽매일 고향이 없어서라고 해석해야 할 겁니다. 금봉이와 달리 '고정점을 잃어버린 현상'으로 받아들여질 수 있겠지요.

　요즘 유행가 중에 고향을 소재로 삼은 노래는 아마 찾기 어려울 겁니다. 태어난 곳은 누구에게나 있겠지만 출생지는 더 이상 의미가 없지요. 아무도 고향에서 추방당하지 않는 시대입니다. 만일 고향이란 곳을 떠나 있는 상태라면 이는 자발적이며 언제든 돌아갈 수 있다는 점에서 바벨론유수나 고향 아줌마와는 판이한 형편입니다. 지금이라면 금봉이도 함께 따라나서 KTX를 탔겠지요.

　세계화 시대에 적어도 대한민국에서는 거리상의 문제가 상당 부분 소멸했습니다. 자본은 편재함으로써 세계 곳곳을 고향으로 만듭니다. 자본의 고향은 모든 곳이면서 동시에 어느 곳도 아닙니다. 세계화의 특징 중 하나인 노동의 이동은, 우리에겐 흘러간 노래인 〈고향 아줌마〉가 아직도 수십억 명에게는 여전히 불리고 있는 노래라는 사실을 일깨워줍니다.

　노동인구의 이동은 물이 높은 곳에서 낮은 곳으로 흐르듯 세계 곳곳에서 목격되며 훈족의 대이동과는 비교도 안 될 정도로 방대한 규모입니다. 사실 구석구석 들여다보면 우리나라에서도 〈고향 아줌마〉가 외진 곳에서 애잔하게 울려 퍼지는 노래임을 알 수 있습니다. 중국 옌볜 등에서 온 조선족 노동자나 동남아 노동자들에게 고향은 여전히 고정점입니다. 상황은 다르지만 결혼하기 위해 한국에 들어온 이주 여성도 마찬가지입니다. 가끔 TV 다큐멘터리에서 몇 년 만에 귀향한 이주 여성 스토리를 들려주며 시청자들의 눈물샘을 자극하곤 합니다.

하지만 실향민을 제외한 대다수 한국인은 마음만 먹으면 언제든지 고향을 방문할 수 있습니다. 거리의 소멸은 역설적으로 고향의 확대가 아닌 고향의 실종으로 귀결됐습니다. 물리적인 거리의 소멸은 커뮤니케이션 능력의 획기적 확장과 결합해 고향을 영구히 유배 보냅니다. 우리가 고향을 떠나와 귀향을 소망하는 게 아니라 고향이 우리를 떠난 것이지요.

소통 능력의 획기적인 개선은 정보기술(IT)의 발달에 의한 것입니다. 아날로그에서 디지털로 IT 원천이 바뀌면서 이제 기술은 어떠한 정보든, 얼마나 방대한 양이든 신속하게 전달할 수 있게 됐습니다. 여기서 질은 문제 되지 않습니다. 디지털 세계관은 질을 양으로 간단하게 변경할 수 있습니다. 또한 '신속하게'라는 개념은 인간의 인지 능력을 기준으로 즉각 진화합니다.

IT는 조지 오웰의 소설 《1984》의 빅 브라더가 꿈꾼 것 이상의 권능을 발휘할 수 있습니다. 자본주의 사회에서 개인이 무엇을 구매하는 가가 곧 그가 누구인지를 의미한다면 정부가 모든 개인을 전면적으로 통제하고 있다는 논리도 가능합니다.

신용카드보다 더 강력한 개인 추적 장치는 핸드폰입니다. 이제는 누구나 알고 있는 GPS는 'Global Positioning System' 의 약자로, 잘 쓰진 않지만 우리말로는 '위성항법장치' 라고 합니다. 핸드폰을 통해 개인의 위치는 실시간으로 파악됩니다. 군 정보기관의 이메일 도청 사건에서 보듯 개인의 이메일·인터넷 검색·컴퓨터 작업 등 모든 내역이, 정보기관이 작정하기만 하면 언제든지 파악됩니다. 마음만 먹으면 개인은 언제든지 발가벗겨질 수 있다는 이야기입니다. 현대 사회에서 개인의 사생활은 국가나 정보기관의 호의에 힘입을 때만 보장이 된다는 역설에 직면해 있습니다.

각종 IT 망은 너무 광범위하게 또 깊이 작동하기에 이것에 저항하기는 이제 불가능합니다. 현대인은 기계문명의 친절에 의지해서 인간다움을 유지하고 있는 셈입니다. 그렇다면 어떤 대안이 있을까요? 사실 별로 없죠.

1965년 발표된 영화 〈알파빌〉은 슈퍼컴이 지배하는 가상 사회를 그린 장뤼크 고다르 감독의 작품입니다. 영화 속 세상은 아내가 죽었을 때 눈물을 흘렸다는 이유로 처벌받는 특이한 곳입니다. 희화화하기는 했지만 인간의 감수성 또는 존엄성이 침해당하는 세상에 대한 풍자는 강렬합니다. 슈퍼컴이 지배하는 알파빌에서는 인간이 무기화(無機化)하지요. 다르게 표현하면 디지털화한다고 할 수 있겠습니다. 인간다움에 대한 복원 시도는 강력하게 제지당합니다. 인간성을 회복할 수 있는 유일한 방법은 알파빌을 떠나는 것밖에 없습니다. 실제로 주인공은 그런 선택을 내립니다.

현시점에서 IT 세상이 어떻게 진화할지 예단할 수 없지만 만일 인간이 할 수 있는 유일한 선택이 디지털 세계로부터의 도주라면 대안 없는 세상에서 외통수에 몰린 인류 문명은 더 이상 떠날 곳을 찾을 수 없을 것입니다. 귀향이란 개념이 증발하고 고향의 상시적 소멸과 낯설지 않은 타지화에 적응해나갈 일만 남겠지요.

앞서 지속 가능 사회를 만드는 데 기여할 요인을 살펴봤습니다. 하지만 지속 가능 사회를 위협하는 요인은 기여하는 요인보다 더 많아 보입니다. IT를 포함해 지금 살펴볼 5T 역시 지속 가능한 발전이나 지속 가능 경영 등의 틀을 벗어나 인류 문명을 근본적으로 위협할 수 있는 거대 담론이자 큰 흐름입니다.

비록 어쩔 수 없이 끌려들어가는 게 숙명이라면 차라리 생각조차 하지 않는 게 현명한 처사일까요? 아니면 금봉이처럼 돌아오지 않을 걸 알면서도 기다리는 게 그나마 인간의 존엄성을 찾는 길일까요.

지속 가능과 지속 불가능 사이에서 줄타기하는 거대 담론은 IT뿐만이 아닙니다. IT · BT(Biotechnology, 생명공학) · NT(Nanotechnology, 나노 기술)는 인류 문명의 미래에 양날의 칼입니다. IT와 마찬가지로 BT가 만들어낼 희망과 절망은 바로 우리 코앞에 펼쳐지고 있습니다. 신문지상에는 하루가 다르게 BT의 새로운 개가가 소개됩니다.

컴퓨터가 0과 1의 2진법 체계라면 우리 몸은 ATCG의 4진법 체계입니다. 우리 몸의 4진법 체계를 해석해 진보를 이뤄내려는 과학자들의 시도는 존경스럽지만 동시에 매우 걱정스럽습니다. 한때 인간에게 매우 위협적인 질병이었던 매독은 원래 인간의 병이 아니었습니다. 매독균의 고향은 양(羊)이었습니다. 매독균이 고향을 떠나 타지인 인간 몸에 살게 된 이유는 제어되지 못한 인간의 욕망 때문이었습니다. 흔히 몽골이 정복 전쟁을 할 때 식량 겸 위안부로 양을 활용했다는 설이 매독의 인간 기원설입니다. 정확히 언제 누구로 인해 매독균의 이주가 일어났는지는 알 수 없지만 인간과 양의 성 접촉이 그 경로였다는 점은 확실해 보입니다.

유전자조작, 장기이식, GMO 등 BT의 총아들은 몽골군의 양 떼 역할을 할 개연성이 농후합니다. 온갖 종류의 욕망이 한 덩어리로 뭉쳐져 눈덩이처럼 구르기 시작했는데 언제 멈출지, 무엇인가와 충돌해 멈추어 섰을 때 어떤 충격을 몰고 올지 상상할 수조차 없습니다. 분명한 사실은 매독 정도와는 비교할 수 없으리라는 것입니다.

나노 기술이란 눈덩이도 BT보다는 뒤에 있지만 이미 구르기 시작했습니다. 나노 기술은 철학적인 기술입니다. 삼라만상이 비어 있다는 '색즉시공(色卽是空)'이자 공즉시색(空卽是色)인 세계를 도모하는 미래 기술이죠. 건조하게 설명하면 극미세 차원에서 입자를 통제하고 활용하는 기술입니다. 나노 기술의 공포는 특별한 기능을 보유한 나노 입자가 자기 복제해 삼라만상을 모두 분해해버릴 것이라는 다소 과학소설(SF) 같은 느낌의 묵시록입니다.

이미 작다는 표현을 넘어선 나노 입자는 무섭게도 회색 점액질로 변합니다. 인간이 만든 회색 점액질이 세상을 지배하는 순간 지구온난화 같은 하찮은 걱정 따위는 더는 할 필요가 없어지고 인간과 인간 주변의 세계가 모두 소멸하게 됩니다. 참으로 색즉시공, 공즉시색인 것이지요.

IT, BT, NT의 3T는 정도 차이는 있지만 공통적으로 색즉시공의 종말론을 동반합니다. 3T 중 일부의 가능성이라도 현실이 되는 날 지속 가능 사회와 관련한 쟁점은 더 이상 쟁점 축에 끼지 못할 것입니다. 세계 평화를 목적으로 열강이 군비 축소를 논의하고 핵 감축을 두고 승강이를 벌이고 있는데 갑자기 지구 문명을 묻어버릴 만큼 거대한 운석이 날아오는 형국이라고 할까요?

하지만 3T와 소행성의 차이를 간과해서는 안 됩니다. 운석은 우리가 초대하지 않았지만 3T의 종말론은 우리가 초대한 괴물이 될 것입니다. 3T가 재앙이 될지 축복이 될지는 간단합니다. 축복의 조건은 '인간에 복무하고 인간의 통제하에 놓여 있는가' 입니다. 이 조건이 충족되지 않는다면 3T는 언제든지 재앙으로 발전할 터입니다.

인류 문명을 위협할 넷째 T는 테러와 폭력(Terror & Violence)입니다. 지속 가능 사회 주제와도 연관됩니다. 9·11 이후 세계는 테러와 폭력이 상시화되었습니다. 테러와 폭력의 자양분은 양극화가 공급합니다. 지역 내의, 또한 전 세계적 양극화는 제2차 세계대전 이후 유례없이 긴 평화 시기를 보내는 지구촌의 보편적 징후가 됐습니다.

양극화와 테러·폭력은 현대사회의 샴쌍둥이라고 할 수 있습니다. 미국의 저널리스트 토머스 프리드먼의 말대로 세계는 평평해졌는지도 모릅니다. 양극화와 테러·폭력의 관점에서라면 말입니다.

소수가 다수를, 즉 1퍼센트가 99퍼센트를 지배하고 빼앗아가며 상시로 수탈하는 구조에서 폭력과 테러는 불가피합니다. 평화적이라는 측면에서 미국의 '월가를 점령하라(Occupy Wall Street)' 시위는 아주 예외적 흐름일 수 있습니다. 희망과 대안이 없고 절망적인 상황을 되돌릴 가능성이라곤 없는 가운데 일어난 평화 시위 또한 이례적인 현상으로 해석될 수 있습니다.

가진 자들이 스스로 가진 것을 내어놓아야 양극화로 생긴 절망이 덜어지기를 기대할 수 있습니다. 그러나 가진 것을 스스로 내어놓는 가진 자는 역사 이래 드뭅니다. 획기적인 구조의 전환이 일어나지 않는 한 사회 저변에 짙게 깔린 절망의 연대는 지구촌과 개별 사회에 그리고 한국 사회에도 테러와 폭력의 광풍을 몰고 올 것입니다.

형태의 문제이긴 하지만 응당 분노해야 할 것을 분노하는 태도는 정당합니다. 사회의 구조 개혁을 통해 분노의 에너지를 테러와 폭력이 아닌 존중과 공유의 선순환으로 전환할 수 있을지는 전적으로 기득권층의 결단에 달렸습니다.

결국 눈물과 관용(Tears & Tolerance)이 최종적인 해법이 될 수 있습니다. 눈물로써 용서를 빌고, 분노하지만 용서하는 관용 정신이 시대정신으로 자리를 잡게 된다면 지속 가능한 사회의 큰 틀이 형성됐다고 볼 수 있습니다. 대화와 양보는 눈물과 관용의 동의어이자 테러와 폭력의 반대말입니다. 결국은 정치인 것입니다. 지속 가능한 사회를 구현할 수 있는 경제·사회 시스템은 소외시키지 않고 배제하지 않는 끈기 있고 정직한 정치를 통하지 않고서는 도출될 수 없습니다.

절제된 분노로 상호 공유 가능성을 최대화하는 제대로 된 정치의 복원이야말로 우리 사회가 테러와 폭력의 나락으로 떨어지는 상황을 예방할 수 있는 첩경이라 하겠습니다.

미래의 지속 가능성을 위협하는 5T 중 마지막 T는 우리가 전혀 예상하지 못했을 가능성이 대단히 큽니다. 바로 E.T(외계인)입니다. 지구가 예상하지 못한 외부적 요인에 의한 위협이라 하겠습니다. 인류의 과학기술로는 당분간 태양계 밖으로 우주여행을 떠날 가능성은 없으니 결국 외계인을 만날 일은 그쪽에서 우리를 방문했을 때일 겁니다. 만일 현실화한다면 인간의 인식을 완전히 뒤집어놓을 만한 대사건입니다.

우리를 방문할 정도로 우리보다 월등히 발전한 문명에 속해 있을 그들을 만나게 되었을 때 인류가 할 수 있는 일이란 우리에게 우호적이기를 바라며 기도하는 일일 뿐이겠지요.

지구를 방문한 이유에 대해서는 지구에 도래하기 전까지는 알 도리가 없습니다. 외계인이 언제 지구를 찾아올지, 그들이 인류에게 어떤 태도를 보일지는 우리 노력과는 무관합니다. 새로운 위협에 대처할 선택지 또한 극도로 제한적입니다. 영화 〈알파빌〉에서 슈퍼컴이 지배하는 세상을 탈출하는 것과 같은 시나리오는 여기서는 존재하지 않을 것입니다.

만났을 때 할 수 있는 일이 없고 언제 올지도 모르는 상황에서 E.T에 대해 고민하고 대책을 마련하는 행동은 본전을 건지기 어려워 보입니다. 보는 관점에 따라 어쩌면 우리 인간은 어느 부잣집 정원의 연못 속에 사는 주제에 만물의 영장이라고 외치고 있는지도 모릅니다. 종으로서 인간은 전체 연못에 군림하는 거대 잉어일 수 있겠지만 그래 봐야 주인의 취향에 전적으로 의존하는 미물에 불과합니다. 연못 속 잉어를 들여다보듯 누군가 우리를 우리가 상상할 수 없는 거대 차원에서 내려다보고 있는지도 모릅니다. 주인의 변덕은 우리에게 종말이 될 것입니다. 하지만 우리가 이 거대한 존재를 인식할 가능성은 물 밖에서 언뜻언뜻 드리우는 그림자의 존재를 물고기들이 제대로 인식하지 못하듯 사실상 전혀 없습니다.

그래도 누군가는 이 문세를 들여다보고 대응책을 마련해야 하겠지요. 일반인이라면 굳이 이 문제에 관심을 둘 필요도 일부러 외면할 이유도 없겠지만, 현실적으론 두 가지 태도 중에서 외면하는 게 더 적절해 보입니다. 앞에서 제시된 지속 가능성을 저해할 다섯 가지 T 들 가운데 E.T야말로 가장 위협적인 존재이겠지만 물속 존재가 물 밖 존재에 어떤 대응책을 세울 수 있을까요? 비록 아무리 미미한 것일지라도 지금 사는 세계에서 그 세계를 더 살 만한 곳으로 만드는 노력을 쏟는 게 차라리 더 인간적으로 보입니다.

지속 가능은 사실 지속 불가능의 연쇄에서 우연하게 나타난 이례적인 현상일지 모릅니다. 하지만 우리가 인간이 됨으로써 초월적인 존재로 진전할 실마리를 얻었듯, 이례적 현상의 우연성을 존재의 가치를 입증하는 기회로 삼아야 하지 않을까요? 우리가 잉어라면 어차피 주인이 되거나 주인과 같은 인식을 얻지는 못할 터이고, 그렇다면 잉어의 찰나적 인식에서 구원을 모색해야 하겠습니다. 결국 우리가 인간임을 뼈저리게 인식해야 한다는 말입니다.